HÉBREU
VOCABULAIRE

POUR L'AUTOFORMATION

FRANÇAIS
HÉBREU

Les mots les plus utiles
Pour enrichir votre vocabulaire et aiguiser
vos compétences linguistiques

5000 mots

Vocabulaire Français-Hébreu pour l'autoformation. 5000 mots
Dictionnaire thématique
Par Andrey Taranov

Les dictionnaires T&P Books ont pour but de vous aider à apprendre, à mémoriser et à réviser votre vocabulaire en langue étrangère. Ce dictionnaire thématique couvre tous les grands domaines du quotidien: l'économie, les sciences, la culture, etc ...

Acquérir du vocabulaire avec les dictionnaires thématiques T&P Books vous offre les avantages suivants:

- Les données d'origine sont regroupées de manière cohérente, ce qui vous permet une mémorisation lexicale optimale
- La présentation conjointe de mots ayant la même racine vous permet de mémoriser des groupes sémantiques entiers (plutôt que des mots isolés)
- Les sous-groupes sémantiques vous permettent d'associer les mots entre eux de manière logique, ce qui facilite votre consolidation du vocabulaire
- Votre maîtrise de la langue peut être évaluée en fonction du nombre de mots acquis

Copyright © 2016 T&P Books Publishing

Tous droits réservés. Sans permission écrite préalable des éditeurs, toute reproduction ou exploitation partielle ou intégrale de cet ouvrage est interdite, sous quelque forme et par quelque procédé (électronique ou mécanique) que ce soit, y compris la photocopie, l'enregistrement ou le recours à un système de stockage et de récupération des données.

T&P Books Publishing
www.tpbooks.com

ISBN: 978-1-78716-414-7

Ce livre existe également en format électronique.
Pour plus d'informations, veuillez consulter notre site: www.tpbooks.com ou rendez-vous sur ceux des grandes librairies en ligne.

VOCABULAIRE HÉBREU POUR L'AUTOFORMATION
Dictionnaire thématique

Les dictionnaires T&P Books ont pour but de vous aider à apprendre, à mémoriser et à réviser votre vocabulaire en langue étrangère. Ce lexique présente, de façon thématique, plus de 5000 mots les plus fréquents de la langue.

- Ce livre comporte les mots les plus couramment utilisés
- Son usage est recommandé en complément de l'étude de toute autre méthode de langue
- Il répond à la fois aux besoins des débutants et à ceux des étudiants en langues étrangères de niveau avancé
- Il est idéal pour un usage quotidien, des séances de révision ponctuelles et des tests d'auto-évaluation
- Il vous permet de tester votre niveau de vocabulaire

Spécificités de ce dictionnaire thématique:

- Les mots sont présentés de manière sémantique, et non alphabétique
- Ils sont répartis en trois colonnes pour faciliter la révision et l'auto-évaluation
- Les groupes sémantiques sont divisés en sous-groupes pour favoriser l'apprentissage
- Ce lexique donne une transcription simple et pratique de chaque mot en langue étrangère

Ce dictionnaire comporte 155 thèmes, dont:

les notions fondamentales, les nombres, les couleurs, les mois et les saisons, les unités de mesure, les vêtements et les accessoires, les aliments et la nutrition, le restaurant, la famille et les liens de parenté, le caractère et la personnalité, les sentiments et les émotions, les maladies, la ville et la cité, le tourisme, le shopping, l'argent, la maison, le foyer, le bureau, la vie de bureau, l'import-export, le marketing, la recherche d'emploi, les sports, l'éducation, l'informatique, l'Internet, les outils, la nature, les différents pays du monde, les nationalités, et bien d'autres encore …

TABLE DES MATIÈRES

Guide de prononciation	9
Abréviations	10

CONCEPTS DE BASE 12
Concepts de base. Partie 1 12

1. Les pronoms 12
2. Adresser des vœux. Se dire bonjour. Se dire au revoir 12
3. Comment s'adresser à quelqu'un 13
4. Les nombres cardinaux. Partie 1 13
5. Les nombres cardinaux. Partie 2 14
6. Les nombres ordinaux 15
7. Les nombres. Fractions 15
8. Les nombres. Opérations mathématiques 15
9. Les nombres. Divers 16
10. Les verbes les plus importants. Partie 1 16
11. Les verbes les plus importants. Partie 2 17
12. Les verbes les plus importants. Partie 3 18
13. Les verbes les plus importants. Partie 4 19
14. Les couleurs 20
15. Les questions 20
16. Les prépositions 21
17. Les mots-outils. Les adverbes. Partie 1 21
18. Les mots-outils. Les adverbes. Partie 2 23

Concepts de base. Partie 2 25

19. Les jours de la semaine 25
20. Les heures. Le jour et la nuit 25
21. Les mois. Les saisons 26
22. Les unités de mesure 28
23. Les récipients 29

L'HOMME 30
L'homme. Le corps humain 30

24. La tête 30
25. Le corps humain 31

Les vêtements & les accessoires 32

26. Les vêtements d'extérieur 32
27. Men's & women's clothing 32

28.	Les sous-vêtements	33
29.	Les chapeaux	33
30.	Les chaussures	33
31.	Les accessoires personnels	34
32.	Les vêtements. Divers	34
33.	L'hygiène corporelle. Les cosmétiques	35
34.	Les montres. Les horloges	36

Les aliments. L'alimentation   37

35.	Les aliments	37
36.	Les boissons	38
37.	Les légumes	39
38.	Les fruits. Les noix	40
39.	Le pain. Les confiseries	41
40.	Les plats cuisinés	41
41.	Les épices	42
42.	Les repas	43
43.	Le dressage de la table	44
44.	Le restaurant	44

La famille. Les parents. Les amis   45

45.	Les données personnelles. Les formulaires	45
46.	La famille. Les liens de parenté	45

La médecine   47

47.	Les maladies	47
48.	Les symptômes. Le traitement. Partie 1	48
49.	Les symptômes. Le traitement. Partie 2	49
50.	Les symptômes. Le traitement. Partie 3	50
51.	Les médecins	51
52.	Les médicaments. Les accessoires	51

L'HABITAT HUMAIN   53
La ville   53

53.	La ville. La vie urbaine	53
54.	Les institutions urbaines	54
55.	Les enseignes. Les panneaux	55
56.	Les transports en commun	56
57.	Le tourisme	57
58.	Le shopping	58
59.	L'argent	59
60.	La poste. Les services postaux	60

Le logement. La maison. Le foyer   61

61.	La maison. L'électricité	61

62.	La villa et le manoir	61
63.	L'appartement	61
64.	Les meubles. L'intérieur	62
65.	La literie	63
66.	La cuisine	63
67.	La salle de bains	64
68.	Les appareils électroménagers	65

LES ACTIVITÉS HUMAINS   66
Le travail. Les affaires. Partie 1   66

69.	Le bureau. La vie de bureau	66
70.	Les processus d'affaires. Partie 1	67
71.	Les processus d'affaires. Partie 2	68
72.	L'usine. La production	69
73.	Le contrat. L'accord	70
74.	L'importation. L'exportation	71
75.	La finance	71
76.	La commercialisation. Le marketing	72
77.	La publicité	73
78.	Les opérations bancaires	73
79.	Le téléphone. La conversation téléphonique	74
80.	Le téléphone portable	75
81.	La papeterie	75
82.	Les types d'activités économiques	75

Le travail. Les affaires. Partie 2   78

83.	Les foires et les salons	78
84.	La recherche scientifique et les chercheurs	79

Les professions. Les métiers   81

85.	La recherche d'emploi. Le licenciement	81
86.	Les hommes d'affaires	81
87.	Les métiers des services	82
88.	Les professions militaires et leurs grades	83
89.	Les fonctionnaires. Les prêtres	84
90.	Les professions agricoles	84
91.	Les professions artistiques	85
92.	Les différents métiers	85
93.	Les occupations. Le statut social	87

L'éducation   88

94.	L'éducation	88
95.	L'enseignement supérieur	89
96.	Les disciplines scientifiques	90
97.	Le système d'écriture et l'orthographe	90
98.	Les langues étrangères	91

Les loisirs. Les voyages 93

99. Les voyages. Les excursions 93
100. L'hôtel 93

LE MATÉRIEL TECHNIQUE. LES TRANSPORTS 95
Le matériel technique 95

101. L'informatique 95
102. L'Internet. Le courrier électronique 96
103. L'électricité 97
104. Les outils 97

Les transports 100

105. L'avion 100
106. Le train 101
107. Le bateau 102
108. L'aéroport 103

Les grands événements de la vie 105

109. Les fêtes et les événements 105
110. L'enterrement. Le deuil 106
111. La guerre. Les soldats 106
112. La guerre. Partie 1 107
113. La guerre. Partie 2 109
114. Les armes 110
115. Les hommes préhistoriques 112
116. Le Moyen Âge 112
117. Les dirigeants. Les responsables. Les autorités 114
118. Les crimes. Les criminels. Partie 1 115
119. Les crimes. Les criminels. Partie 2 116
120. La police. La justice. Partie 1 117
121. La police. La justice. Partie 2 118

LA NATURE 120
La Terre. Partie 1 120

122. L'espace cosmique 120
123. La Terre 121
124. Les quatre parties du monde 122
125. Les océans et les mers 122
126. Les noms des mers et des océans 123
127. Les montagnes 124
128. Les noms des chaînes de montagne 125
129. Les fleuves 125
130. Les noms des fleuves 126
131. La forêt 126
132. Les ressources naturelles 127

La Terre. Partie 2 129

133. Le temps 129
134. Les intempéries. Les catastrophes naturelles 130

La faune 131

135. Les mammifères. Les prédateurs 131
136. Les animaux sauvages 131
137. Les animaux domestiques 132
138. Les oiseaux 133
139. Les poissons. Les animaux marins 135
140. Les amphibiens. Les reptiles 135
141. Les insectes 136

La flore 137

142. Les arbres 137
143. Les arbustes 137
144. Les fruits. Les baies 138
145. Les fleurs. Les plantes 139
146. Les céréales 140

LES PAYS DU MONDE. LES NATIONALITÉS 141

147. L'Europe de l'Ouest 141
148. L'Europe Centrale et l'Europe de l'Est 141
149. Les pays de l'ex-U.R.S.S. 142
150. L'Asie 142
151. L'Amérique du Nord 143
152. L'Amérique Centrale et l'Amérique du Sud 143
153. L'Afrique 144
154. L'Australie et Océanie 144
155. Les grandes villes 144

GUIDE DE PRONONCIATION

Nom de la lettre	Lettre	Exemple en hébreu	Alphabet phonétique T&P	Exemple en français
Aleph	א	אריה	[ɑ], [ɑː]	classe
	א	אחד	[ɛ], [ɛː]	arène
	א	מָאָה	[ʔ]	coup de glotte
Beth	ב	בית	[b]	bureau
Gimel	ג	גמל	[g]	gris
Gimel+geresh	ג׳	ג׳ונגל	[ʤ]	adjoint
Dalet	ד	דג	[d]	document
He	ה	הר	[h]	[h] aspiré
Vav	ו	וסת	[v]	rivière
Zayin	ז	זאב	[z]	gazeuse
Zayin+geresh	ז׳	ז׳ורנל	[ʒ]	jeunesse
Het	ח	חוט	[x]	scots - nicht, allemand - Dach
Tet	ט	טוב	[t]	tennis
Yod	י	יום	[j]	maillot
Kaf	ך כ	כריש	[k]	bocal
Lamed	ל	לחם	[l]	vélo
Mem	ם מ	מלך	[m]	minéral
Nun	ן נ	נר	[n]	ananas
Samech	ס	סוס	[s]	syndicat
Ayin	ע	עין	[ɑ], [ɑː]	classe
	ע	תָשעָים	[ʔ]	consonne fricative pharyngale voisée
Pe	ף פ	פיל	[p]	panama
Tsade	ץ צ	צעצוע	[ʦ]	gratte-ciel
Tsade+geresh	צ׳י׳	צ׳ק	[ʧ]	match
Qof	ק	קוף	[k]	bocal
Resh	ר	רכבת	[r]	R vibrante
Shin	ש	שלחן, עָשׂרִים	[s], [ʃ]	syndicat, chariot
Tav	ת	תפוז	[t]	tennis

ABRÉVIATIONS
employées dans ce livre

Abréviations en français

adj	- adjective
adv	- adverbe
anim.	- animé
conj	- conjonction
dénombr.	- dénombrable
etc.	- et cetera
f	- nom féminin
f pl	- féminin pluriel
fam.	- familiar
fem.	- féminin
form.	- formal
inanim.	- inanimé
indénombr.	- indénombrable
m	- nom masculin
m pl	- masculin pluriel
m, f	- masculin, féminin
masc.	- masculin
math	- mathematics
mil.	- militaire
pl	- pluriel
prep	- préposition
pron	- pronom
qch	- quelque chose
qn	- quelqu'un
sing.	- singulier
v aux	- verbe auxiliaire
v imp	- verbe impersonnel
vi	- verbe intransitif
vi, vt	- verbe intransitif, transitif
vp	- verbe pronominal
vt	- verbe transitif

Abréviations en hébreu

ז	-	masculin
ז"ר	-	masculin pluriel
ז, נ	-	masculin, féminin
נ	-	féminin
נ"ר	-	féminin pluriel

CONCEPTS DE BASE

Concepts de base. Partie 1

1. Les pronoms

je	ani	אֲנִי (ז, נ)
tu (masc.)	ata	אַתָּה (ז)
tu (fem.)	at	אַתְּ (נ)
il	hu	הוּא (ז)
elle	hi	הִיא (נ)
nous	a'naxnu	אֲנַחְנוּ (ז, נ)
vous (m)	atem	אַתֶּם (ז"ר)
vous (f)	aten	אַתֶּן (נ"ר)
vous (form., sing.)	ata, at	אַתָּה (ז), אַתְּ (נ)
vous (form., pl)	atem, aten	אַתֶּם (ז"ר), אַתֶּן (נ"ר)
ils	hem	הֵם (ז"ר)
elles	hen	הֵן (נ"ר)

2. Adresser des vœux. Se dire bonjour. Se dire au revoir

Bonjour! (fam.)	ʃalom!	שָׁלוֹם!
Bonjour! (form.)	ʃalom!	שָׁלוֹם!
Bonjour! (le matin)	'boker tov!	בּוֹקֶר טוֹב!
Bonjour! (après-midi)	tsaha'rayim tovim!	צָהֳרַיִים טוֹבִים!
Bonsoir!	'erev tov!	עֶרֶב טוֹב!
dire bonjour	lomar ʃalom	לוֹמַר שָׁלוֹם
Salut!	hai!	הַיי!
salut (m)	ahlan	אַהֲלָן
saluer (vt)	lomar ʃalom	לוֹמַר שָׁלוֹם
Comment ça va?	ma ʃlomxa?	מָה שְׁלוֹמְךָ? (ז)
Comment allez-vous?	ma ʃlomex?, ma ʃlomxa?	מָה שְׁלוֹמֵךְ? (נ), מָה שְׁלוֹמְךָ? (ז)
Quoi de neuf?	ma xadaʃ?	מָה חָדָשׁ?
Au revoir! (form.)	lehitra'ot!	לְהִתְרָאוֹת!
Au revoir! (fam.)	bai!	בַּיי!
À bientôt!	lehitra'ot bekarov!	לְהִתְרָאוֹת בְּקָרוֹב!
Adieu!	lehitra'ot!	לְהִתְרָאוֹת!
dire au revoir	lomar lehitra'ot	לוֹמַר לְהִתְרָאוֹת
Salut! (À bientôt!)	bai!	בַּיי!
Merci!	toda!	תּוֹדָה!
Merci beaucoup!	toda raba!	תּוֹדָה רַבָּה!
Je vous en prie	bevakaʃa	בְּבַקָּשָׁה

Il n'y a pas de quoi	al lo davar	עַל לֹא דָבָר
Pas de quoi	ein be'ad ma	אֵין בְּעַד מָה
Excuse-moi!	slixa!	סְלִיחָה!
Excusez-moi!	slixa!	סְלִיחָה!
excuser (vt)	lis'loax	לִסְלוֹחַ
s'excuser (vp)	lehitnatsel	לְהִתְנַצֵּל
Mes excuses	ani mitnatsel, ani mitna'tselet	אֲנִי מִתְנַצֵּל (ז), אֲנִי מִתְנַצֶּלֶת (נ)
Pardonnez-moi!	ani mitsta'er, ani mitsta''eret	אֲנִי מִצְטַעֵר (ז), אֲנִי מִצְטַעֲרָת (נ)
pardonner (vt)	lis'loax	לִסְלוֹחַ
C'est pas grave	lo nora	לֹא נוֹרָא
s'il vous plaît	bevakaʃa	בְּבַקָשָׁה
N'oubliez pas!	al tiʃkax!	אַל תִשְׁכַּח! (ז)
Bien sûr!	'betax!	בָּטוּחַ!
Bien sûr que non!	'betax ʃelo!	בָּטוּחַ שֶׁלֹא!
D'accord!	okei!	אוֹקֵיי!
Ça suffit!	maspik!	מַסְפִּיק!

3. Comment s'adresser à quelqu'un

Excusez-moi!	slixa!	סְלִיחָה!
monsieur	adon	אָדוֹן
madame	gvirti	גְבִרְתִּי
madame (mademoiselle)	'gveret	גְבֶרֶת
jeune homme	baxur tsa'ir	בָּחוּר צָעִיר
petit garçon	'yeled	יֶלֶד
petite fille	yalda	יַלְדָה

4. Les nombres cardinaux. Partie 1

zéro	'efes	אֶפֶס (ז)
un	exad	אֶחָד (ז)
une	axat	אַחַת (נ)
deux	'ʃtayim	שְׁתַּיִם (נ)
trois	ʃaloʃ	שָׁלוֹשׁ (נ)
quatre	arba	אַרְבַּע (נ)
cinq	xameʃ	חָמֵשׁ (נ)
six	ʃeʃ	שֵׁשׁ (נ)
sept	'ʃeva	שֶׁבַע (נ)
huit	'ʃmone	שְׁמוֹנֶה (נ)
neuf	'teʃa	תֵּשַׁע (נ)
dix	'eser	עֶשֶׂר (נ)
onze	axat esre	אַחַת־עֶשְׂרֵה (נ)
douze	ʃteim esre	שְׁתֵּים־עֶשְׂרֵה (נ)
treize	ʃloʃ esre	שְׁלוֹשׁ־עֶשְׂרֵה (נ)
quatorze	arba esre	אַרְבַּע־עֶשְׂרֵה (נ)
quinze	xameʃ esre	חָמֵשׁ־עֶשְׂרֵה (נ)
seize	ʃeʃ esre	שֵׁשׁ־עֶשְׂרֵה (נ)

dix-sept	ʃva esre	שְׁבַע־עֶשְׂרֵה (נ)
dix-huit	ʃmone esre	שְׁמוֹנֶה־עֶשְׂרֵה (נ)
dix-neuf	tʃa esre	תְּשַׁע־עֶשְׂרֵה (נ)
vingt	esrim	עֶשְׂרִים
vingt et un	esrim ve'eχad	עֶשְׂרִים וְאֶחָד
vingt-deux	esrim u'ʃnayim	עֶשְׂרִים וּשְׁנַיִים
vingt-trois	esrim uʃloʃa	עֶשְׂרִים וּשְׁלוֹשָׁה
trente	ʃloʃim	שְׁלוֹשִׁים
trente et un	ʃloʃim ve'eχad	שְׁלוֹשִׁים וְאֶחָד
trente-deux	ʃloʃim u'ʃnayim	שְׁלוֹשִׁים וּשְׁנַיִים
trente-trois	ʃloʃim uʃloʃa	שְׁלוֹשִׁים וּשְׁלוֹשָׁה
quarante	arba'im	אַרְבָּעִים
quarante et un	arba'im ve'eχad	אַרְבָּעִים וְאֶחָד
quarante-deux	arba'im u'ʃnayim	אַרְבָּעִים וּשְׁנַיִים
quarante-trois	arba'im uʃloʃa	אַרְבָּעִים וּשְׁלוֹשָׁה
cinquante	χamiʃim	חֲמִישִׁים
cinquante et un	χamiʃim ve'eχad	חֲמִישִׁים וְאֶחָד
cinquante-deux	χamiʃim u'ʃnayim	חֲמִישִׁים וּשְׁנַיִים
cinquante-trois	χamiʃim uʃloʃa	חֲמִישִׁים וּשְׁלוֹשָׁה
soixante	ʃiʃim	שִׁישִׁים
soixante et un	ʃiʃim ve'eχad	שִׁישִׁים וְאֶחָד
soixante-deux	ʃiʃim u'ʃnayim	שִׁישִׁים וּשְׁנַיִים
soixante-trois	ʃiʃim uʃloʃa	שִׁישִׁים וּשְׁלוֹשָׁה
soixante-dix	ʃiv'im	שִׁבְעִים
soixante et onze	ʃiv'im ve'eχad	שִׁבְעִים וְאֶחָד
soixante-douze	ʃiv'im u'ʃnayim	שִׁבְעִים וּשְׁנַיִים
soixante-treize	ʃiv'im uʃloʃa	שִׁבְעִים וּשְׁלוֹשָׁה
quatre-vingts	ʃmonim	שְׁמוֹנִים
quatre-vingt et un	ʃmonim ve'eχad	שְׁמוֹנִים וְאֶחָד
quatre-vingt deux	ʃmonim u'ʃnayim	שְׁמוֹנִים וּשְׁנַיִים
quatre-vingt trois	ʃmonim uʃloʃa	שְׁמוֹנִים וּשְׁלוֹשָׁה
quatre-vingt-dix	tiʃim	תִּשְׁעִים
quatre-vingt et onze	tiʃim ve'eχad	תִּשְׁעִים וְאֶחָד
quatre-vingt-douze	tiʃim u'ʃayim	תִּשְׁעִים וּשְׁנַיִים
quatre-vingt-treize	tiʃim uʃloʃa	תִּשְׁעִים וּשְׁלוֹשָׁה

5. Les nombres cardinaux. Partie 2

cent	'me'a	מֵאָה (נ)
deux cents	ma'tayim	מָאתַיִים
trois cents	ʃloʃ me'ot	שְׁלוֹשׁ מֵאוֹת (נ)
quatre cents	arba me'ot	אַרְבַּע מֵאוֹת (נ)
cinq cents	χameʃ me'ot	חָמֵשׁ מֵאוֹת (נ)
six cents	ʃeʃ me'ot	שֵׁשׁ מֵאוֹת (נ)
sept cents	ʃva me'ot	שְׁבַע מֵאוֹת (נ)

huit cents	ʃmone me'ot	שְׁמוֹנָה מֵאוֹת (ג)
neuf cents	tʃa me'ot	תְּשַׁע מֵאוֹת (ג)
mille	'elef	אֶלֶף (ז)
deux mille	al'payim	אַלְפַּיִים (ז)
trois mille	'ʃloʃet alafim	שְׁלוֹשֶׁת אֲלָפִים (ז)
dix mille	a'seret alafim	עֲשֶׂרֶת אֲלָפִים (ז)
cent mille	'me'a 'elef	מֵאָה אֶלֶף (ז)
million (m)	milyon	מִילְיוֹן (ז)
milliard (m)	milyard	מִילְיַארְד (ז)

6. Les nombres ordinaux

premier (adj)	riʃon	רִאשׁוֹן
deuxième (adj)	ʃeni	שֵׁנִי
troisième (adj)	ʃliʃi	שְׁלִישִׁי
quatrième (adj)	revi'i	רְבִיעִי
cinquième (adj)	χamiʃi	חֲמִישִׁי
sixième (adj)	ʃiʃi	שִׁישִׁי
septième (adj)	ʃvi'i	שְׁבִיעִי
huitième (adj)	ʃmini	שְׁמִינִי
neuvième (adj)	tʃi'i	תְּשִׁיעִי
dixième (adj)	asiri	עֲשִׂירִי

7. Les nombres. Fractions

fraction (f)	'ʃever	שֶׁבֶר (ז)
un demi	'χetsi	חֲצִי (ז)
un tiers	ʃliʃ	שְׁלִישׁ (ז)
un quart	'reva	רֶבַע (ז)
un huitième	ʃminit	שְׁמִינִית (ג)
un dixième	asirit	עֲשִׂירִית (ג)
deux tiers	ʃnei ʃliʃim	שְׁנֵי שְׁלִישִׁים (ז)
trois quarts	'ʃloʃet riv'ei	שְׁלוֹשֶׁת רְבָעֵי

8. Les nombres. Opérations mathématiques

soustraction (f)	χisur	חִיסוּר (ז)
soustraire (vt)	leχaser	לְחַסֵּר
division (f)	χiluk	חִילוּק (ז)
diviser (vt)	leχalek	לְחַלֵּק
addition (f)	χibur	חִיבּוּר (ז)
additionner (vt)	leχaber	לְחַבֵּר
ajouter (vt)	leχaber	לְחַבֵּר
multiplication (f)	'kefel	כֶּפֶל (ז)
multiplier (vt)	lehaχpil	לְהַכְפִּיל

9. Les nombres. Divers

chiffre (m)	sifra	ספרה (נ)
nombre (m)	mispar	מִסְפָּר (ז)
adjectif (m) numéral	ʃem mispar	שֵׁם מִסְפָּר (ז)
moins (m)	'minus	מִינוּס (ז)
plus (m)	plus	פלוס (ז)
formule (f)	nusxa	נוּסחָה (נ)
calcul (m)	xiʃuv	חִישׁוּב (ז)
compter (vt)	lispor	לִספּוֹר
calculer (vt)	lexaʃev	לְחַשֵׁב
comparer (vt)	lehaʃvot	לְהַשווֹת
Combien?	'kama?	כַּמָה?
somme (f)	sxum	סכוּם (ז)
résultat (m)	totsa'a	תוֹצָאָה (נ)
reste (m)	ʃe'erit	שְׁאֵרִית (נ)
quelques ...	'kama	כַּמָה
peu de ...	ktsat	קצָת
peu de ... (dénombr.)	me'at	מְעַט
peu de ... (indénombr.)	me'at	מְעַט
reste (m)	ʃe'ar	שְׁאָר (ז)
un et demi	exad va'xetsi	אֶחָד וָחֵצִי (ז)
douzaine (f)	tresar	תרֵיסָר (ז)
en deux (adv)	'xetsi 'xetsi	חֲצִי חֲצִי
en parties égales	ʃave beʃave	שָׁווֶה בְּשָׁווֶה
moitié (f)	'xetsi	חֲצִי (ז)
fois (f)	'pa'am	פַּעַם (נ)

10. Les verbes les plus importants. Partie 1

aider (vt)	la'azor	לַעֲזוֹר
aimer (qn)	le'ehov	לֶאֱהוֹב
aller (à pied)	la'lexet	לָלֶכֶת
apercevoir (vt)	lasim lev	לָשִׂים לֵב
appartenir à ...	lehiʃtayex	לְהִשׁתַיֵיך
appeler (au secours)	likro	לִקרוֹא
attendre (vt)	lehamtin	לְהַמתִין
attraper (vt)	litfos	לִתפּוֹס
avertir (vt)	lehazhir	לְהַזהִיר
avoir (vt)	lehaxzik	לְהַחזִיק
avoir confiance	liv'toax	לִבטוֹחַ
avoir faim	lihyot ra'ev	לִהיוֹת רָעֵב
avoir peur	lefaxed	לְפַחֵד
avoir soif	lihyot tsame	לִהיוֹת צָמֵא
cacher (vt)	lehastir	לְהַסתִיר
casser (briser)	liʃbor	לִשׁבּוֹר

cesser (vt)	lehafsik	לְהַפְסִיק
changer (vt)	leʃanot	לְשַׁנּוֹת
chasser (animaux)	latsud	לָצוּד
chercher (vt)	leχapes	לְחַפֵּשׂ
choisir (vt)	livχor	לִבְחוֹר
commander (~ le menu)	lehazmin	לְהַזְמִין
commencer (vt)	lehatχil	לְהַתְחִיל
comparer (vt)	lehaʃvot	לְהַשְׁווֹת
comprendre (vt)	lehavin	לְהָבִין
compter (dénombrer)	lispor	לִסְפּוֹר
compter sur ...	lismoχ al	לִסְמוֹךְ עַל
confondre (vt)	lehitbalbel	לְהִתְבַּלְבֵּל
connaître (qn)	lehakir et	לְהַכִּיר אֶת
conseiller (vt)	leya'ets	לְיַיעֵץ
continuer (vt)	lehamʃiχ	לְהַמְשִׁיךְ
contrôler (vt)	liʃlot	לִשְׁלוֹט
courir (vi)	laruts	לָרוּץ
coûter (vt)	la'alot	לַעֲלוֹת
créer (vt)	litsor	לִיצוֹר
creuser (vt)	laχpor	לַחְפּוֹר
crier (vi)	lits'ok	לִצְעוֹק

11. Les verbes les plus importants. Partie 2

décorer (~ la maison)	lekaʃet	לְקַשֵּׁט
défendre (vt)	lehagen	לְהָגֵן
déjeuner (vi)	le'eχol aruχat tsaha'rayim	לֶאֱכוֹל אֲרוּחַת צָהֳרַיִים
demander (~ l'heure)	liʃ'ol	לִשְׁאוֹל
demander (de faire qch)	levakeʃ	לְבַקֵּשׁ
descendre (vi)	la'redet	לָרֶדֶת
deviner (vt)	lenaχeʃ	לְנַחֵשׁ
dîner (vi)	le'eχol aruχat 'erev	לֶאֱכוֹל אֲרוּחַת עֶרֶב
dire (vt)	lomar	לוֹמַר
diriger (~ une usine)	lenahel	לְנַהֵל
discuter (vt)	ladun	לָדוּן
donner (vt)	latet	לָתֵת
donner un indice	lirmoz	לִרְמוֹז
douter (vt)	lefakpek	לְפַקְפֵּק
écrire (vt)	liχtov	לִכְתּוֹב
entendre (bruit, etc.)	liʃ'mo'a	לִשְׁמוֹעַ
entrer (vi)	lehikanes	לְהִיכָּנֵס
envoyer (vt)	liʃloaχ	לִשְׁלוֹחַ
espérer (vi)	lekavot	לְקַוּוֹת
essayer (vt)	lenasot	לְנַסּוֹת
être (vi)	lihyot	לִהְיוֹת
être d'accord	lehaskim	לְהַסְכִּים
être nécessaire	lehidareʃ	לְהִידָרֵשׁ

être pressé	lemaher	לְמַהֵר
étudier (vt)	lilmod	לִלְמוֹד
excuser (vt)	lis'loaχ	לִסְלוֹחַ
exiger (vt)	lidroʃ	לִדְרוֹשׁ
exister (vi)	lehitkayem	לְהִתְקַיֵּם
expliquer (vt)	lehasbir	לְהַסְבִּיר
faire (vt)	la'asot	לַעֲשׂוֹת
faire tomber	lehapil	לְהַפִּיל
finir (vt)	lesayem	לְסַיֵּם
garder (conserver)	liʃmor	לִשְׁמוֹר
gronder, réprimander (vt)	linzof	לִנְזוֹף
informer (vt)	leho'dia	לְהוֹדִיעַ
insister (vi)	lehit'akeʃ	לְהִתְעַקֵּשׁ
insulter (vt)	leha'aliv	לְהַעֲלִיב
inviter (vt)	lehazmin	לְהַזְמִין
jouer (s'amuser)	lesaχek	לְשַׂחֵק

12. Les verbes les plus importants. Partie 3

libérer (ville, etc.)	leʃaχrer	לְשַׁחְרֵר
lire (vi, vt)	likro	לִקְרוֹא
louer (prendre en location)	liskor	לִשְׂכּוֹר
manquer (l'école)	lehaχsir	לְהַחְסִיר
menacer (vt)	le'ayem	לְאַיֵּם
mentionner (vt)	lehazkir	לְהַזְכִּיר
montrer (vt)	lehar'ot	לְהַרְאוֹת
nager (vi)	lisχot	לִשְׂחוֹת
objecter (vt)	lehitnaged	לְהִתְנַגֵּד
observer (vt)	litspot, lehaʃkif	לִצְפּוֹת, לְהַשְׁקִיף
ordonner (mil.)	lifkod	לִפְקוֹד
oublier (vt)	liʃ'koaχ	לִשְׁכּוֹחַ
ouvrir (vt)	lif'toaχ	לִפְתּוֹחַ
pardonner (vt)	lis'loaχ	לִסְלוֹחַ
parler (vi, vt)	ledaber	לְדַבֵּר
participer à ...	lehiʃtatef	לְהִשְׁתַּתֵּף
payer (régler)	leʃalem	לְשַׁלֵּם
penser (vi, vt)	laχʃov	לַחְשׁוֹב
permettre (vt)	leharʃot	לְהַרְשׁוֹת
plaire (être apprécié)	limtso χen be'ei'nayim	לִמְצוֹא חֵן בָּעֵינַיִים
plaisanter (vi)	lehitba'deaχ	לְהִתְבַּדֵּחַ
planifier (vt)	letaχnen	לְתַכְנֵן
pleurer (vi)	livkot	לִבְכּוֹת
posséder (vt)	lihyot 'ba'al ʃel	לִהְיוֹת בַּעַל שֶׁל
pouvoir (v aux)	yaχol	יָכוֹל
préférer (vt)	leha'adif	לְהַעֲדִיף
prendre (vt)	la'kaχat	לָקַחַת
prendre en note	lirʃom	לִרְשׁוֹם

prendre le petit déjeuner	le'exol aruxat 'boker	לֶאֱכוֹל אֲרוּחַת בּוֹקֶר
préparer (le dîner)	levaʃel	לְבַשֵּׁל
prévoir (vt)	laxazot	לַחֲזוֹת
prier (~ Dieu)	lehitpalel	לְהִתְפַּלֵּל
promettre (vt)	lehav'tiax	לְהַבְטִיחַ
prononcer (vt)	levate	לְבַטֵּא
proposer (vt)	leha'tsi'a	לְהַצִּיעַ
punir (vt)	leha'aniʃ	לְהַעֲנִישׁ

13. Les verbes les plus importants. Partie 4

recommander (vt)	lehamlits	לְהַמְלִיץ
regretter (vt)	lehitsta'er	לְהִצְטַעֵר
répéter (dire encore)	laxazor al	לַחֲזוֹר עַל
répondre (vi, vt)	la'anot	לַעֲנוֹת
réserver (une chambre)	lehazmin meroʃ	לְהַזְמִין מֵרֹאשׁ
rester silencieux	liʃtok	לִשְׁתּוֹק
réunir (regrouper)	le'axed	לְאַחֵד
rire (vi)	litsxok	לִצְחוֹק
s'arrêter (vp)	la'atsor	לַעֲצוֹר
s'asseoir (vp)	lehityaʃev	לְהִתְיַישֵּׁב
sauver (la vie à qn)	lehatsil	לְהַצִּיל
savoir (qch)	la'da'at	לָדַעַת
se baigner (vp)	lehitraxets	לְהִתְרַחֵץ
se plaindre (vp)	lehitlonen	לְהִתְלוֹנֵן
se refuser (vp)	lesarev	לְסָרֵב
se tromper (vp)	lit'ot	לִטְעוֹת
se vanter (vp)	lehitravrev	לְהִתְרַבְרֵב
s'étonner (vp)	lehitpale	לְהִתְפַּלֵּא
s'excuser (vp)	lehitnatsel	לְהִתְנַצֵּל
signer (vt)	laxtom	לַחְתּוֹם
signifier (vt)	lomar	לוֹמַר
s'intéresser (vp)	lehit'anyen be…	לְהִתְעַנְיֵין בְּ…
sortir (aller dehors)	latset	לָצֵאת
sourire (vi)	lexayex	לְחַיֵּיךְ
sous-estimer (vt)	leham'it be''erex	לְהַמְעִיט בְּעֶרֶךְ
suivre … (suivez-moi)	la'akov axarei	לַעֲקוֹב אַחֲרֵי
tirer (vi)	lirot	לִירוֹת
tomber (vi)	lipol	לִיפּוֹל
toucher (avec les mains)	la'ga'at	לָגַעַת
tourner (~ à gauche)	lifnot	לִפְנוֹת
traduire (vt)	letargem	לְתַרְגֵּם
travailler (vi)	la'avod	לַעֲבוֹד
tromper (vt)	leramot	לְרַמּוֹת
trouver (vt)	limtso	לִמְצוֹא
tuer (vt)	laharog	לַהֲרוֹג
vendre (vt)	limkor	לִמְכּוֹר

venir (vi)	leha'gi'a	לְהַגִּיעַ
voir (vt)	lir'ot	לִרְאוֹת
voler (avion, oiseau)	la'uf	לָעוּף
voler (qch à qn)	lignov	לִגְנוֹב
vouloir (vt)	lirtsot	לִרְצוֹת

14. Les couleurs

couleur (f)	'tseva	צֶבַע (ז)
teinte (f)	gavan	גָּוֶן (ז)
ton (m)	gavan	גָּוֶן (ז)
arc-en-ciel (m)	'keʃet	קֶשֶׁת (נ)
blanc (adj)	lavan	לָבָן
noir (adj)	ʃaxor	שָׁחוֹר
gris (adj)	afor	אָפוֹר
vert (adj)	yarok	יָרוֹק
jaune (adj)	tsahov	צָהוֹב
rouge (adj)	adom	אָדוֹם
bleu (adj)	kaxol	כָּחוֹל
bleu clair (adj)	taxol	תָּכוֹל
rose (adj)	varod	וָרוֹד
orange (adj)	katom	כָּתוֹם
violet (adj)	segol	סָגוֹל
brun (adj)	xum	חוּם
d'or (adj)	zahov	זָהוֹב
argenté (adj)	kasuf	כָּסוּף
beige (adj)	beʒ	בֶּז'
crème (adj)	be'tseva krem	בְּצֶבַע קְרֶם
turquoise (adj)	turkiz	טוּרְקִיז
rouge cerise (adj)	bordo	בּוֹרְדוֹ
lilas (adj)	segol	סָגוֹל
framboise (adj)	patol	פָּטוֹל
clair (adj)	bahir	בָּהִיר
foncé (adj)	kehe	כֵּהֶה
vif (adj)	bohek	בּוֹהֵק
de couleur (adj)	tsiv'oni	צִבְעוֹנִי
en couleurs (adj)	tsiv'oni	צִבְעוֹנִי
noir et blanc (adj)	ʃaxor lavan	שָׁחוֹר־לָבָן
unicolore (adj)	xad tsiv'i	חַד־צִבְעִי
multicolore (adj)	sasgoni	סַסְגּוֹנִי

15. Les questions

Qui?	mi?	מִי?
Quoi?	ma?	מָה?

Où? (~ es-tu?)	'eifo?	אֵיפֹה?
Où? (~ vas-tu?)	le'an?	לְאָן?
D'où?	me''eifo?	מֵאֵיפֹה?
Quand?	matai?	מָתַי?
Pourquoi? (~ es-tu venu?)	'lama?	לָמָה?
Pourquoi? (~ t'es pâle?)	ma'du'a?	מַדוּעַ?
À quoi bon?	biʃvil ma?	בִּשְׁבִיל מָה?
Comment?	eiχ, keitsad?	כֵּיצַד? אֵיךְ?
Quel? (à ~ prix?)	'eize?	אֵיזֶה?
Lequel?	'eize?	אֵיזֶה?
À qui? (pour qui?)	lemi?	לְמִי?
De qui?	al mi?	עַל מִי?
De quoi?	al ma?	עַל מָה?
Avec qui?	im mi?	עִם מִי?
Combien?	'kama?	כַּמָה?
À qui?	ʃel mi?	שֶׁל מִי?

16. Les prépositions

avec (~ toi)	im	עִם
sans (~ sucre)	bli, lelo	בְּלִי, לְלֹא
à (aller ~ ...)	le...	לְ...
de (au sujet de)	al	עַל
avant (~ midi)	lifnei	לִפְנֵי
devant (~ la maison)	lifnei	לִפְנֵי
sous (~ la commode)	mi'taχat le...	מִתַּחַת לְ...
au-dessus de ...	me'al	מֵעַל
sur (dessus)	al	עַל
de (venir ~ Paris)	mi, me	מִ, מֵ
en (en bois, etc.)	mi, me	מִ, מֵ
dans (~ deux heures)	toχ	תּוֹךְ
par dessus	'dereχ	דֶּרֶךְ

17. Les mots-outils. Les adverbes. Partie 1

Où? (~ es-tu?)	'eifo?	אֵיפֹה?
ici (c'est ~)	po, kan	פֹּה, כָּאן
là-bas (c'est ~)	ʃam	שָׁם
quelque part (être)	'eifo ʃehu	אֵיפֹה שֶׁהוּא
nulle part (adv)	beʃum makom	בְּשׁוּם מָקוֹם
près de ...	leyad ...	לְיַד ...
près de la fenêtre	leyad haχalon	לְיַד הַחַלוֹן
Où? (~ vas-tu?)	le'an?	לְאָן?
ici (Venez ~)	'hena, lekan	הֵנָה; לְכָאן

là-bas (j'irai ~)	leʃam	לְשָׁם
d'ici (adv)	mikan	מִכָּאן
de là-bas (adv)	miʃam	מִשָּׁם
près (pas loin)	karov	קָרוֹב
loin (adv)	raχok	רָחוֹק
près de (~ Paris)	leyad	לְיַד
tout près (adv)	karov	קָרוֹב
pas loin (adv)	lo raχok	לֹא רָחוֹק
gauche (adj)	smali	שְׂמָאלִי
à gauche (être ~)	mismol	מִשְּׂמֹאל
à gauche (tournez ~)	'smola	שְׂמֹאלָה
droit (adj)	yemani	יְמָנִי
à droite (être ~)	miyamin	מִיָּמִין
à droite (tournez ~)	ya'mina	יָמִינָה
devant (adv)	mika'dima	מִקָּדִימָה
de devant (adj)	kidmi	קִדְמִי
en avant (adv)	ka'dima	קָדִימָה
derrière (adv)	me'aχor	מֵאָחוֹר
par derrière (adv)	me'aχor	מֵאָחוֹר
en arrière (regarder ~)	a'χora	אֲחוֹרָה
milieu (m)	'emtsa	אֶמְצַע (ז)
au milieu (adv)	ba"emtsa	בָּאֶמְצַע
de côté (vue ~)	mehatsad	מֵהַצַּד
partout (adv)	beχol makom	בְּכָל מָקוֹם
autour (adv)	misaviv	מִסָּבִיב
de l'intérieur	mibifnim	מִבִּפְנִים
quelque part (aller)	le'an ʃehu	לְאָן שֶׁהוּא
tout droit (adv)	yaʃar	יָשָׁר
en arrière (revenir ~)	baχazara	בַּחֲזָרָה
de quelque part (n'import d'où)	me'ei ʃam	מֵאֵי שָׁם
de quelque part (on ne sait pas d'où)	me'ei ʃam	מֵאֵי שָׁם
premièrement (adv)	reʃit	רֵאשִׁית
deuxièmement (adv)	ʃenit	שֵׁנִית
troisièmement (adv)	ʃliʃit	שְׁלִישִׁית
soudain (adv)	pit'om	פִּתְאוֹם
au début (adv)	behatslaχa	בְּהַתְחָלָה
pour la première fois	lariʃona	לָרִאשׁוֹנָה
bien avant ...	zman rav lifnei ...	זְמַן רַב לִפְנֵי ...
de nouveau (adv)	meχadaʃ	מֵחָדָשׁ
pour toujours (adv)	letamid	לְתָמִיד
jamais (adv)	af 'pa'am, me'olam	מֵעוֹלָם, אַף פַּעַם
de nouveau, encore (adv)	ʃuv	שׁוּב

maintenant (adv)	axʃav, ka'et	עַכְשָׁיו, כָּעֵת
souvent (adv)	le'itim krovot	לְעִיתִים קְרוֹבוֹת
alors (adv)	az	אָז
d'urgence (adv)	bidxifut	בִּדְחִיפוּת
d'habitude (adv)	be'derex klal	בְּדֶרֶךְ כְּלָל
à propos, ...	'derex 'agav	דֶּרֶךְ אַגַב
c'est possible	efʃari	אֶפְשָׁרִי
probablement (adv)	kanir'e	כַּנִרְאֶה
peut-être (adv)	ulai	אוּלַי
en plus, ...	xuts mize ...	חוּץ מִזֶה ...
c'est pourquoi ...	laxen	לָכֵן
malgré ...	lamrot ...	לַמרוֹת ...
grâce à ...	hodot le...	הוֹדוֹת לְ...
quoi (pron)	ma	מָה
que (conj)	ʃe	שֶׁ
quelque chose (Il m'est arrivé ~)	'maʃehu	מַשֶׁהוּ
quelque chose (peut-on faire ~)	'maʃehu	מַשֶׁהוּ
rien (m)	klum	כלום
qui (pron)	mi	מִי
quelqu'un (on ne sait pas qui)	'miʃehu, 'miʃehi	מִישֶׁהוּ (ז), מִישֶׁהִי (נ)
quelqu'un (n'importe qui)	'miʃehu, 'miʃehi	מִישֶׁהוּ (ז), מִישֶׁהִי (נ)
personne (pron)	af exad, af axat	אַף אֶחָד (ז), אַף אַחַת (נ)
nulle part (aller ~)	leʃum makom	לְשׁוּם מָקוֹם
de personne	lo ʃayax le'af exad	לֹא שַׁיָיךְ לְאַף אֶחָד
de n'importe qui	ʃel 'miʃehu	שֶׁל מִישֶׁהוּ
comme ça (adv)	kol kax	כָּל-כָּךְ
également (adv)	gam	גַם
aussi (adv)	gam	גַם

18. Les mots-outils. Les adverbes. Partie 2

Pourquoi?	ma'du'a?	מַדוּעַ?
pour une certaine raison	miʃum ma	מִשׁוּם-מָה
parce que ...	miʃum ʃe	מִשׁוּם שֶׁ
pour une raison quelconque	lematara 'kolʃehi	לְמַטָרָה כָּלשֶׁהִי
et (conj)	ve ...	וְ...
ou (conj)	o	אוֹ
mais (conj)	aval, ulam	אֲבָל, אוּלָם
pour ... (prep)	biʃvil	בִּשְׁבִיל
trop (adv)	yoter midai	יוֹתֵר מִדַי
seulement (adv)	rak	רַק
précisément (adv)	bediyuk	בְּדִיוּק
près de ... (prep)	be''erex	בְּעֵרֶךְ
approximativement	be''erex	בְּעֵרֶךְ
approximatif (adj)	meʃo'ar	מְשׁוֹעָר

presque (adv)	kim'at	בִּמְעַט
reste (m)	ʃe'ar	שְׁאָר (ז)
l'autre (adj)	axer	אַחֵר
autre (adj)	axer	אַחֵר
chaque (adj)	kol	כֹּל
n'importe quel (adj)	kolʃehu	כָּלשֶׁהוּ
beaucoup de (dénombr.)	harbe	הַרְבֵּה
beaucoup de (indénombr.)	harbe	הַרְבֵּה
plusieurs (pron)	harbe	הַרְבֵּה
tous	kulam	כּוּלָם
en échange de ...	tmurat ...	תְּמוּרַת ...
en échange (adv)	bitmura	בִּתְמוּרָה
à la main (adv)	bayad	בַּיָד
peu probable (adj)	safek im	סָפֵק אִם
probablement (adv)	karov levadai	קָרוֹב לְוַודַאי
exprès (adv)	'davka	דַווקָא
par accident (adv)	bemikre	בְּמִקְרֶה
très (adv)	me'od	מְאוֹד
par exemple (adv)	lemaʃal	לְמָשָׁל
entre (prep)	bein	בֵּין
parmi (prep)	be'kerev	בְּקֶרֶב
autant (adv)	kol kax harbe	כָּל־כָּךְ הַרְבֵּה
surtout (adv)	bimyuxad	בִּמְיוּחָד

Concepts de base. Partie 2

19. Les jours de la semaine

lundi (m)	yom ʃeni	יוֹם שֵׁנִי (ז)
mardi (m)	yom ʃliʃi	יוֹם שׁלִישִׁי (ז)
mercredi (m)	yom revi'i	יוֹם רְבִיעִי (ז)
jeudi (m)	yom χamiʃi	יוֹם חָמִישִׁי (ז)
vendredi (m)	yom ʃiʃi	יוֹם שִׁישִׁי (ז)
samedi (m)	ʃabat	שַׁבָּת (נ)
dimanche (m)	yom riʃon	יוֹם רָאשׁוֹן (ז)
aujourd'hui (adv)	hayom	הַיוֹם
demain (adv)	maχar	מָחָר
après-demain (adv)	maχara'tayim	מָחָרתַיִים
hier (adv)	etmol	אֶתמוֹל
avant-hier (adv)	ʃilʃom	שִׁלשׁוֹם
jour (m)	yom	יוֹם (ז)
jour (m) ouvrable	yom avoda	יוֹם עָבוֹדָה (ז)
jour (m) férié	yom χag	יוֹם חַג (ז)
jour (m) de repos	yom menuχa	יוֹם מְנוּחָה (ז)
week-end (m)	sof ʃa'vu'a	סוֹף שָׁבוּעַ
toute la journée	kol hayom	כָּל הַיוֹם
le lendemain	lamaχarat	לַמָחֳרָת
il y a 2 jours	lifnei yo'mayim	לִפנֵי יוֹמַיִים
la veille	'erev	עֶרֶב
quotidien (adj)	yomyomi	יוֹמיוֹמִי
tous les jours	midei yom	מִדֵי יוֹם
semaine (f)	ʃa'vua	שָׁבוּעַ (ז)
la semaine dernière	baʃa'vu'a ʃe'avar	בַּשָׁבוּעַ שֶׁעָבַר
la semaine prochaine	baʃa'vu'a haba	בַּשָׁבוּעַ הַבָּא
hebdomadaire (adj)	ʃvu'i	שׁבוּעִי
chaque semaine	kol ʃa'vu'a	כָּל שָׁבוּעַ
2 fois par semaine	pa'a'mayim beʃa'vu'a	פַּעֲמַיִים בְּשָׁבוּעַ
tous les mardis	kol yom ʃliʃi	כָּל יוֹם שׁלִישִׁי

20. Les heures. Le jour et la nuit

matin (m)	'boker	בּוֹקֶר (ז)
le matin	ba'boker	בַּבּוֹקֶר
midi (m)	tsaha'rayim	צָהֳרַיִים (ז״ר)
dans l'après-midi	aχar hatsaha'rayim	אַחַר הַצָהֳרַיִים
soir (m)	'erev	עֶרֶב (ז)
le soir	ba''erev	בָּעֶרֶב

nuit (f)	'laila	לַיְלָה (ז)
la nuit	ba'laila	בַּלַיְלָה
minuit (f)	xatsot	חָצוֹת (נ)
seconde (f)	ʃniya	שְׁנִיָה (נ)
minute (f)	daka	דַקָה (נ)
heure (f)	ʃa'a	שָׁעָה (נ)
demi-heure (f)	xatsi ʃa'a	חָצִי שָׁעָה (נ)
un quart d'heure	'reva ʃa'a	רֶבַע שָׁעָה (ז)
quinze minutes	xameʃ esre dakot	חָמֵשׁ עָשְׂרֵה דַקוֹת
vingt-quatre heures	yemama	יְמָמָה (נ)
lever (m) du soleil	zrixa	זְרִיחָה (נ)
aube (f)	'ʃaxar	שַׁחַר (ז)
point (m) du jour	'ʃaxar	שַׁחַר (ז)
coucher (m) du soleil	ʃki'a	שְׁקִיעָה (נ)
tôt le matin	mukdam ba'boker	מוּקְדָם בַּבּוֹקֶר
ce matin	ha'boker	הַבּוֹקֶר
demain matin	maxar ba'boker	מָחָר בַּבּוֹקֶר
cet après-midi	hayom axarei hatzaha'rayim	הַיוֹם אַחֲרֵי הַצָהֳרַיִים
dans l'après-midi	axar hatsaha'rayim	אַחַר הַצָהֳרַיִים
demain après-midi	maxar axarei hatsaha'rayim	מָחָר אַחֲרֵי הַצָהֳרַיִים
ce soir	ha''erev	הָעֶרֶב
demain soir	maxar ba''erev	מָחָר בָּעֶרֶב
à 3 heures précises	baʃa'a ʃaloʃ bediyuk	בְּשָׁעָה שָׁלוֹשׁ בְּדִיוּק
autour de 4 heures	bisvivot arba	בִּסְבִיבוֹת אַרְבַּע
vers midi	ad ʃteim esre	עַד שְׁתֵים-עֶשְׂרֵה
dans 20 minutes	be'od esrim dakot	בְּעוֹד עֶשְׂרִים דַקוֹת
dans une heure	be'od ʃa'a	בְּעוֹד שָׁעָה
à temps	bazman	בַּזְמַן
… moins le quart	'reva le…	רֶבַע לְ...
en une heure	tox ʃa'a	תוֹךְ שָׁעָה
tous les quarts d'heure	kol 'reva ʃa'a	כָּל רֶבַע שָׁעָה
24 heures sur 24	misaviv laʃa'on	מִסָבִיב לַשָׁעוֹן

21. Les mois. Les saisons

janvier (m)	'yanu'ar	יָנוּאָר (ז)
février (m)	'febru'ar	פֶבְּרוּאָר (ז)
mars (m)	merts	מֶרְץ (ז)
avril (m)	april	אַפְּרִיל (ז)
mai (m)	mai	מַאי (ז)
juin (m)	'yuni	יוּנִי (ז)
juillet (m)	'yuli	יוּלִי (ז)
août (m)	'ogust	אוֹגוּסְט (ז)
septembre (m)	sep'tember	סֶפְּטֶמְבֶּר (ז)
octobre (m)	ok'tober	אוֹקְטוֹבֶּר (ז)

novembre (m)	no'vember	נוֹבֶמְבֶּר (ז)
décembre (m)	de'tsember	דֶצֶמְבֶּר (ז)
printemps (m)	aviv	אָבִיב (ז)
au printemps	ba'aviv	בָּאָבִיב
de printemps (adj)	avivi	אֲבִיבִי
été (m)	'kayits	קַיִץ (ז)
en été	ba'kayits	בַּקַיִץ
d'été (adj)	ketsi	קֵיצִי
automne (m)	stav	סְתָיו (ז)
en automne	bestav	בַּסְתָיו
d'automne (adj)	stavi	סְתָוִוי
hiver (m)	'xoref	חוֹרֶף (ז)
en hiver	ba'xoref	בַּחוֹרֶף
d'hiver (adj)	xorpi	חוֹרְפִּי
mois (m)	'xodeʃ	חוֹדֶשׁ (ז)
ce mois	ha'xodeʃ	הַחוֹדֶשׁ
le mois prochain	ba'xodeʃ haba	בַּחוֹדֶשׁ הַבָּא
le mois dernier	ba'xodeʃ ʃe'avar	בַּחוֹדֶשׁ שֶׁעָבַר
il y a un mois	lifnei 'xodeʃ	לִפְנֵי חוֹדֶשׁ
dans un mois	be'od 'xodeʃ	בְּעוֹד חוֹדֶשׁ
dans 2 mois	be'od xod'ʃayim	בְּעוֹד חוֹדְשַׁיִים
tout le mois	kol ha'xodeʃ	כָּל הַחוֹדֶשׁ
tout un mois	kol ha'xodeʃ	כָּל הַחוֹדֶשׁ
mensuel (adj)	xodʃi	חוֹדְשִׁי
mensuellement	xodʃit	חוֹדְשִׁית
chaque mois	kol 'xodeʃ	כָּל חוֹדֶשׁ
2 fois par mois	pa'a'mayim be'xodeʃ	פַּעֲמַיִים בְּחוֹדֶשׁ
année (f)	ʃana	שָׁנָה (נ)
cette année	haʃana	הַשָׁנָה
l'année prochaine	baʃana haba'a	בַּשָׁנָה הַבָּאָה
l'année dernière	baʃana ʃe'avra	בַּשָׁנָה שֶׁעָבְרָה
il y a un an	lifnei ʃana	לִפְנֵי שָׁנָה
dans un an	be'od ʃana	בְּעוֹד שָׁנָה
dans 2 ans	be'od ʃna'tayim	בְּעוֹד שְׁנָתַיִים
toute l'année	kol haʃana	כָּל הַשָׁנָה
toute une année	kol haʃana	כָּל הַשָׁנָה
chaque année	kol ʃana	כָּל שָׁנָה
annuel (adj)	ʃnati	שְׁנָתִי
annuellement	midei ʃana	מִדֵי שָׁנָה
4 fois par an	arba pa'amim be'xodeʃ	אַרְבַּע פְּעָמִים בְּחוֹדֶשׁ
date (f) (jour du mois)	ta'arix	תַאֲרִיך (ז)
date (f) (~ mémorable)	ta'arix	תַאֲרִיך (ז)
calendrier (m)	'luax ʃana	לוּחַ שָׁנָה (ז)
six mois	xatsi ʃana	חֲצִי שָׁנָה (ז)
semestre (m)	ʃiʃa xodaʃim, xatsi ʃana	חֲצִי שָׁנָה, שִׁישָׁה חוֹדָשִׁים

saison (f)	ona	עוֹנָה (נ)
siècle (m)	'me'a	מֵאָה (נ)

22. Les unités de mesure

poids (m)	miʃkal	מִשְׁקָל (ז)
longueur (f)	'oreχ	אוֹרֶךְ (ז)
largeur (f)	'roχav	רוֹחַב (ז)
hauteur (f)	'gova	גּוֹבָה (ז)
profondeur (f)	'omek	עוֹמֶק (ז)
volume (m)	'nefaχ	נֶפַח (ז)
aire (f)	ʃetaχ	שֶׁטַח (ז)
gramme (m)	gram	גְּרָם (ז)
milligramme (m)	miligram	מִילִיגְרָם (ז)
kilogramme (m)	kilogram	קִילוֹגְרָם (ז)
tonne (f)	ton	טוֹן (ז)
livre (f)	'pa'und	פָּאוּנד (ז)
once (f)	'unkiya	אוּנְקִיָה (נ)
mètre (m)	'meter	מֶטֶר (ז)
millimètre (m)	mili'meter	מִילִימֶטֶר (ז)
centimètre (m)	senti'meter	סֶנְטִימֶטֶר (ז)
kilomètre (m)	kilo'meter	קִילוֹמֶטֶר (ז)
mille (m)	mail	מַייל (ז)
pouce (m)	intʃ	אִינְץ' (ז)
pied (m)	'regel	רֶגֶל (נ)
yard (m)	yard	יַרד (ז)
mètre (m) carré	'meter ra'vu'a	מֶטֶר רָבוּעַ (ז)
hectare (m)	hektar	הֶקְטָר (ז)
litre (m)	litr	לִיטֶר (ז)
degré (m)	ma'ala	מַעֲלָה (נ)
volt (m)	volt	ווֹלט (ז)
ampère (m)	amper	אַמְפֶּר (ז)
cheval-vapeur (m)	'koaχ sus	כּוֹחַ סוּס (ז)
quantité (f)	kamut	כַּמוּת (נ)
un peu de ...	ktsat ...	קְצָת ...
moitié (f)	'χetsi	חֲצִי (ז)
douzaine (f)	tresar	תְּרֵיסָר (ז)
pièce (f)	yeχida	יְחִידָה (נ)
dimension (f)	'godel	גּוֹדֶל (ז)
échelle (f) (de la carte)	kne mida	קְנֵה מִידָה (ז)
minimal (adj)	mini'mali	מִינִימָאלִי
le plus petit (adj)	hakatan beyoter	הַקָטָן בְּיוֹתֵר
moyen (adj)	memutsa	מְמוּצָע
maximal (adj)	maksi'mali	מַקְסִימָלִי
le plus grand (adj)	hagadol beyoter	הַגָדוֹל בְּיוֹתֵר

23. Les récipients

bocal (m) en verre	tsin'tsenet	צִנְצֶנֶת (נ)
boîte, canette (f)	paxit	פַּחִית (נ)
seau (m)	dli	דְּלִי (ז)
tonneau (m)	xavit	חָבִית (נ)
bassine, cuvette (f)	gigit	גִּיגִית (נ)
cuve (f)	meixal	מֵיכָל (ז)
flasque (f)	meimiya	מֵימִיָּה (נ)
jerrican (m)	'dʒerikan	גֶ׳רִיקָן (ז)
citerne (f)	mexalit	מֵיכָלִית (נ)
tasse (f), mug (m)	'sefel	סֵפֶל (ז)
tasse (f)	'sefel	סֵפֶל (ז)
soucoupe (f)	taxtit	תַּחְתִּית (נ)
verre (m) (~ d'eau)	kos	כּוֹס (נ)
verre (m) à vin	ga'vi'a	גָּבִיעַ (ז)
faitout (m)	sir	סִיר (ז)
bouteille (f)	bakbuk	בַּקְבּוּק (ז)
goulot (m)	tsavar habakbuk	צַוַּאר הַבַּקְבּוּק (ז)
carafe (f)	kad	כַּד (ז)
pichet (m)	kankan	קַנְקַן (ז)
récipient (m)	kli	כְּלִי (ז)
pot (m)	sir 'xeres	סִיר חֶרֶס (ז)
vase (m)	agartal	אֲגַרְטָל (ז)
flacon (m)	tsloxit	צְלוֹחִית (נ)
fiole (f)	bakbukon	בַּקְבּוּקוֹן (ז)
tube (m)	ʃfo'feret	שְׁפוֹפֶרֶת (נ)
sac (m) (grand ~)	sak	שַׂק (ז)
sac (m) (~ en plastique)	sakit	שַׂקִּית (נ)
paquet (m) (~ de cigarettes)	xafisa	חֲפִיסָה (נ)
boîte (f)	kufsa	קֻפְסָה (נ)
caisse (f)	argaz	אַרְגָּז (ז)
panier (m)	sal	סַל (ז)

L'HOMME

L'homme. Le corps humain

24. La tête

tête (f)	roʃ	רֹאשׁ (ז)
visage (m)	panim	פָּנִים (ז"ר)
nez (m)	af	אַף (ז)
bouche (f)	pe	פֶּה (ז)
œil (m)	'ayin	עַיִן (נ)
les yeux	ei'nayim	עֵינַיִים (נ"ר)
pupille (f)	iʃon	אִישׁוֹן (ז)
sourcil (m)	gaba	גַבָּה (נ)
cil (m)	ris	רִיס (ז)
paupière (f)	af'af	עַפְעַף (ז)
langue (f)	laʃon	לָשׁוֹן (נ)
dent (f)	ʃen	שֵׁן (נ)
lèvres (f pl)	sfa'tayim	שְׂפָתַיִים (נ"ר)
pommettes (f pl)	atsamot leχa'yayim	עַצְמוֹת לְחָיַיִם (נ"ר)
gencive (f)	χani'χayim	חֲנִיכַיִים (ז"ר)
palais (m)	χeχ	חֵךְ (ז)
narines (f pl)	neχi'rayim	נְחִירַיִים (ז"ר)
menton (m)	santer	סַנְטֵר (ז)
mâchoire (f)	'leset	לֶסֶת (נ)
joue (f)	'leχi	לֶחִי (נ)
front (m)	'metsaχ	מֵצַח (ז)
tempe (f)	raka	רַקָה (נ)
oreille (f)	'ozen	אוֹזֶן (נ)
nuque (f)	'oref	עוֹרֶף (ז)
cou (m)	tsavar	צַוָּאר (ז)
gorge (f)	garon	גָרוֹן (ז)
cheveux (m pl)	se'ar	שֵׂיעָר (ז)
coiffure (f)	tis'roket	תִסְרוֹקֶת (נ)
coupe (f)	tis'poret	תִסְפּוֹרֶת (נ)
perruque (f)	pe'a	פֵּאָה (נ)
moustache (f)	safam	שָׂפָם (ז)
barbe (f)	zakan	זָקָן (ז)
porter (~ la barbe)	legadel	לְגַדֵל
tresse (f)	tsama	צַמָה (נ)
favoris (m pl)	pe'ot leχa'yayim	פֵּאוֹת לְחָיַיִם (נ"ר)
roux (adj)	'dʒindʒi	ג'ינג'י
gris, grisonnant (adj)	kasuf	כָּסוּף

chauve (adj)	ke'reax	קֵירֵחַ
calvitie (f)	ka'raxat	קָרַחַת (נ)
queue (f) de cheval	'kuku	קוּקוּ (ז)
frange (f)	'poni	פּוֹנִי (ז)

25. Le corps humain

main (f)	kaf yad	כַּף יָד (נ)
bras (m)	yad	יָד (נ)
doigt (m)	'etsba	אֶצְבַּע (נ)
orteil (m)	'bohen	בּוֹהֶן (נ)
pouce (m)	agudal	אֲגוּדָל (ז)
petit doigt (m)	'zeret	זֶרֶת (נ)
ongle (m)	tsi'poren	צִיפּוֹרֶן (נ)
poing (m)	egrof	אֶגְרוֹף (ז)
paume (f)	kaf yad	כַּף יָד (נ)
poignet (m)	'ʃoreʃ kaf hayad	שׁוֹרֶשׁ כַּף הַיָד (ז)
avant-bras (m)	ama	אַמָה (נ)
coude (m)	marpek	מַרְפֵּק (ז)
épaule (f)	katef	כָּתֵף (נ)
jambe (f)	'regel	רֶגֶל (נ)
pied (m)	kaf 'regel	כַּף רֶגֶל (נ)
genou (m)	'berex	בֶּרֶךְ (נ)
mollet (m)	ʃok	שׁוֹק (ז)
hanche (f)	yarex	יָרֵךְ (נ)
talon (m)	akev	עָקֵב (ז)
corps (m)	guf	גוּף (ז)
ventre (m)	'beten	בֶּטֶן (נ)
poitrine (f)	xaze	חָזֶה (ז)
sein (m)	ʃad	שַׁד (ז)
côté (m)	tsad	צַד (ז)
dos (m)	gav	גַב (ז)
reins (région lombaire)	mot'nayim	מוֹתְנַיִים (ז"ר)
taille (f) (~ de guêpe)	'talya	טַלְיָה (נ)
nombril (m)	tabur	טַבּוּר (ז)
fesses (f pl)	axo'rayim	אֲחוֹרַיִים (ז"ר)
derrière (m)	yaʃvan	יַשְׁבָן (ז)
grain (m) de beauté	nekudat xen	נְקוּדַת חֵן (נ)
tache (f) de vin	'ketem leida	כֶּתֶם לֵידָה (ז)
tatouage (m)	ka'a'ku'a	קַעֲקוּעַ (ז)
cicatrice (f)	tsa'leket	צַלֶקֶת (נ)

Les vêtements & les accessoires

26. Les vêtements d'extérieur

vêtement (m)	bgadim	בְּגָדִים (ז"ר)
survêtement (m)	levuʃ elyon	לְבוּשׁ עֶלְיוֹן (ז)
vêtement (m) d'hiver	bigdei 'xoref	בִּגְדֵי חוֹרֶף (ז"ר)
manteau (m)	me'il	מְעִיל (ז)
manteau (m) de fourrure	me'il parva	מְעִיל פַּרְוָוה (ז)
veste (f) de fourrure	me'il parva katsar	מְעִיל פַּרְוָוה קָצָר (ז)
manteau (m) de duvet	me'il pux	מְעִיל פּוּךְ (ז)
veste (f) (~ en cuir)	me'il katsar	מְעִיל קָצָר (ז)
imperméable (m)	me'il 'geʃem	מְעִיל גֶּשֶׁם (ז)
imperméable (adj)	amid be'mayim	עָמִיד בְּמַיִם

27. Men's & women's clothing

chemise (f)	xultsa	חוּלְצָה (נ)
pantalon (m)	mixna'sayim	מִכְנָסַיִים (ז"ר)
jean (m)	mixnesei 'dʒins	מִכְנְסֵי ג'ִינְס (ז"ר)
veston (m)	ʒaket	ז'ָקֶט (ז)
complet (m)	xalifa	חֲלִיפָה (נ)
robe (f)	simla	שִׂמְלָה (נ)
jupe (f)	xatsa'it	חֲצָאִית (נ)
chemisette (f)	xultsa	חוּלְצָה (נ)
veste (f) en laine	ʒaket 'tsemer	ז'ָקֶט צֶמֶר (ז)
jaquette (f), blazer (m)	ʒaket	ז'ָקֶט (ז)
tee-shirt (m)	ti ʃert	טִי שֶׁרְט (ז)
short (m)	mixna'sayim ktsarim	מִכְנָסַיִים קְצָרִים (ז"ר)
costume (m) de sport	'trening	טְרֶנִינְג (ז)
peignoir (m) de bain	xaluk raxatsa	חָלוּק רַחְצָה (ז)
pyjama (m)	pi'dʒama	פִּיג'ָמָה (נ)
chandail (m)	'sveder	סְוֶודֶר (ז)
pull-over (m)	afuda	אֲפוּדָה (נ)
gilet (m)	vest	וֶסְט (ז)
queue-de-pie (f)	frak	פְרָאק (ז)
smoking (m)	tuk'sido	טוּקְסִידוֹ (ז)
uniforme (m)	madim	מַדִים (ז"ר)
tenue (f) de travail	bigdei avoda	בִּגְדֵי עֲבוֹדָה (ז"ר)
salopette (f)	sarbal	סַרְבָּל (ז)
blouse (f) (d'un médecin)	xaluk	חָלוּק (ז)

28. Les sous-vêtements

sous-vêtements (m pl)	levanim	לְבָנִים (ז"ר)
boxer (m)	taxtonim	תַּחְתּוֹנִים (ז"ר)
slip (m) de femme	taxtonim	תַּחְתּוֹנִים (ז"ר)
maillot (m) de corps	gufiya	גּוּפִיָּה (נ)
chaussettes (f pl)	gar'bayim	גַּרְבַּיִם (ז"ר)
chemise (f) de nuit	'ktonet 'laila	כְּתוֹנֶת לַיְלָה (נ)
soutien-gorge (m)	xaziya	חֲזִיָּה (נ)
chaussettes (f pl) hautes	birkon	בִּרְכּוֹן (ז)
collants (m pl)	garbonim	גַּרְבּוֹנִים (ז"ר)
bas (m pl)	garbei 'nailon	גַּרְבֵּי נַיְלוֹן (ז"ר)
maillot (m) de bain	'beged yam	בֶּגֶד יָם (ז)

29. Les chapeaux

chapeau (m)	'kova	כּוֹבַע (ז)
chapeau (m) feutre	'kova 'leved	כּוֹבַע לֶבֶד (ז)
casquette (f) de base-ball	'kova 'beisbol	כּוֹבַע בֵּייסְבּוֹל (ז)
casquette (f)	'kova mitsxiya	כּוֹבַע מִצְחִיָּה (ז)
béret (m)	baret	בֶּרֶט (ז)
capuche (f)	bardas	בַּרְדָּס (ז)
panama (m)	'kova 'tembel	כּוֹבַע טֶמְבֶּל (ז)
bonnet (m) de laine	'kova 'gerev	כּוֹבַע גֶּרֶב (ז)
foulard (m)	mit'paxat	מִטְפַּחַת (נ)
chapeau (m) de femme	'kova	כּוֹבַע (ז)
casque (m) (d'ouvriers)	kasda	קַסְדָּה (נ)
calot (m)	kumta	כּוּמְתָּה (נ)
casque (m) (~ de moto)	kasda	קַסְדָּה (נ)
melon (m)	mig'ba'at me'u'gelet	מִגְבַּעַת מְעוּגֶּלֶת (נ)
haut-de-forme (m)	tsi'linder	צִילִינְדֶּר (ז)

30. Les chaussures

chaussures (f pl)	han'ala	הַנְעָלָה (נ)
bottines (f pl)	na'a'layim	נַעֲלַיִם (נ"ר)
souliers (m pl) (~ plats)	na'a'layim	נַעֲלַיִם (נ"ר)
bottes (f pl)	maga'fayim	מַגָּפַיִם (ז"ר)
chaussons (m pl)	na'alei 'bayit	נַעֲלֵי בַּיִת (נ"ר)
tennis (m pl)	na'alei sport	נַעֲלֵי סְפּוֹרְט (נ"ר)
baskets (f pl)	na'alei sport	נַעֲלֵי סְפּוֹרְט (נ"ר)
sandales (f pl)	sandalim	סַנְדָּלִים (ז"ר)
cordonnier (m)	sandlar	סַנְדְּלָר (ז)
talon (m)	akev	עָקֵב (ז)

paire (f)	zug	זוּג (ז)
lacet (m)	sroχ	שְׂרוֹךְ (ז)
lacer (vt)	lisroχ	לִשְׂרוֹךְ
chausse-pied (m)	kaf naʻalayim	כַּף נַעֲלַיִים (נ)
cirage (m)	miʃχat naʻalayim	מִשְׁחַת נַעֲלַיִים (נ)

31. Les accessoires personnels

gants (m pl)	kfafot	כְּפָפוֹת (נ״ר)
moufles (f pl)	kfafot	כְּפָפוֹת (נ״ר)
écharpe (f)	tsaʻif	צָעִיף (ז)
lunettes (f pl)	miʃkaʻfayim	מִשְׁקָפַיִים (ז״ר)
monture (f)	misʻgeret	מִסְגֶרֶת (נ)
parapluie (m)	mitriya	מִטְרִיָיה (נ)
canne (f)	makel haliχa	מַקַל הָלִיכָה (ז)
brosse (f) à cheveux	mivʻreʃet seʻar	מִברֶשֶׁת שֵׂיעָר (נ)
éventail (m)	menifa	מְנִיפָה (נ)
cravate (f)	aniva	עֲנִיבָה (נ)
nœud papillon (m)	anivat parpar	עֲנִיבַת פַּרְפָּר (נ)
bretelles (f pl)	ktefiyot	כְּתֵפִיוֹת (נ״ר)
mouchoir (m)	mimχata	מִמְחָטָה (נ)
peigne (m)	masrek	מַסְרֵק (ז)
barrette (f)	sikat roʃ	סִיכַּת רֹאשׁ (נ)
épingle (f) à cheveux	sikat seʻar	סִיכַּת שֵׂעָר (נ)
boucle (f)	avzam	אַבְזָם (ז)
ceinture (f)	χagora	חֲגוֹרָה (נ)
bandoulière (f)	retsuʻat katef	רְצוּעַת כָּתֵף (נ)
sac (m)	tik	תִּיק (ז)
sac (m) à main	tik	תִּיק (ז)
sac (m) à dos	tarmil	תַּרְמִיל (ז)

32. Les vêtements. Divers

mode (f)	ofna	אוֹפְנָה (נ)
à la mode (adj)	ofnati	אוֹפְנָתִי
couturier, créateur de mode	meʻatsev ofna	מְעַצֵב אוֹפְנָה (ז)
col (m)	tsavaron	צַוָּוארוֹן (ז)
poche (f)	kis	כִּיס (ז)
de poche (adj)	ʃel kis	שֶׁל כִּיס
manche (f)	ʃarvul	שַׁרְווּל (ז)
bride (f)	mitle	מִתְלֶה (ז)
braguette (f)	χanut	חָנוּת (נ)
fermeture (f) à glissière	roχsan	רוֹכְסָן (ז)
agrafe (f)	ʻkeres	קֶרֶס (ז)
bouton (m)	kaftor	כַּפְתוֹר (ז)

boutonnière (f)	lula'a	לוּלָאָה (נ)
s'arracher (bouton)	lehitaleʃ	לְהִיתָּלֵשׁ
coudre (vi, vt)	litpor	לִתְפּוֹר
broder (vt)	lirkom	לִרְקוֹם
broderie (f)	rikma	רִקְמָה (נ)
aiguille (f)	'maxat tfira	מַחַט תְּפִירָה (נ)
fil (m)	xut	חוּט (ז)
couture (f)	'tefer	תֶּפֶר (ז)
se salir (vp)	lehitlaxlex	לְהִתְלַכְלֵךְ
tache (f)	'ketem	כֶּתֶם (ז)
se froisser (vp)	lehitkamet	לְהִתְקַמֵּט
déchirer (vt)	lik'ro'a	לִקְרוֹעַ
mite (f)	aʃ	עָשׁ (ז)

33. L'hygiène corporelle. Les cosmétiques

dentifrice (m)	miʃxat ʃi'nayim	מִשְׁחַת שִׁינַּיִים (נ)
brosse (f) à dents	miv'reʃet ʃi'nayim	מִבְרֶשֶׁת שִׁינַּיִים (נ)
se brosser les dents	letsax'tseax ʃi'nayim	לְצַחְצֵחַ שִׁינַּיִים
rasoir (m)	'ta'ar	תַּעַר (ז)
crème (f) à raser	'ketsef gi'luax	קֶצֶף גִּילוּחַ (ז)
se raser (vp)	lehitga'leax	לְהִתְגַּלֵּחַ
savon (m)	sabon	סַבּוֹן (ז)
shampooing (m)	ʃampu	שַׁמְפּוּ (ז)
ciseaux (m pl)	mispa'rayim	מִסְפָּרַיִים (ז"ר)
lime (f) à ongles	ptsira	פְּצִירָה (נ)
pinces (f pl) à ongles	gozez tsipor'nayim	גּוֹזֵז צִיפּוֹרְנַיִים (ז)
pince (f) à épiler	pin'tseta	פִּינְצֶטָה (נ)
produits (m pl) de beauté	tamrukim	תַּמְרוּקִים (ז"ר)
masque (m) de beauté	masexa	מַסֵּכָה (נ)
manucure (f)	manikur	מָנִיקוּר (ז)
se faire les ongles	la'asot manikur	לַעֲשׂוֹת מָנִיקוּר
pédicurie (f)	pedikur	פֶּדִיקוּר (ז)
trousse (f) de toilette	tik ipur	תִּיק אִיפּוּר (ז)
poudre (f)	'pudra	פּוּדְרָה (נ)
poudrier (m)	pudriya	פּוּדְרִיָּיה (נ)
fard (m) à joues	'somek	סוֹמֶק (ז)
parfum (m)	'bosem	בּוֹשֶׂם (ז)
eau (f) de toilette	mei 'bosem	מֵי בּוֹשֶׂם (ז"ר)
lotion (f)	mei panim	מֵי פָּנִים (ז"ר)
eau de Cologne (f)	mei 'bosem	מֵי בּוֹשֶׂם (ז"ר)
fard (m) à paupières	tslalit	צְלָלִית (נ)
crayon (m) à paupières	ai 'lainer	אַיי לַיינֶר (ז)
mascara (m)	'maskara	מַסְקָרָה (נ)
rouge (m) à lèvres	sfaton	שְׂפָתוֹן (ז)

vernis (m) à ongles	'laka letsipor'nayim	לַכָּה לְצִיפּוֹרְנַיִים (נ)
laque (f) pour les cheveux	tarsis lese'ar	תַרְסִיס לְשֵׂיעָר (ז)
déodorant (m)	de'odo'rant	דֵאוֹדוֹרָנְט (ז)

crème (f)	krem	קְרֶם (ז)
crème (f) pour le visage	krem panim	קְרֶם פָּנִים (ז)
crème (f) pour les mains	krem ya'dayim	קְרֶם יָדַיִים (ז)
crème (f) anti-rides	krem 'neged kmatim	קְרֶם נֶגֶד קְמָטִים (ז)
crème (f) de jour	krem yom	קְרֶם יוֹם (ז)
crème (f) de nuit	krem 'laila	קְרֶם לַיְלָה (ז)
de jour (adj)	yomi	יוֹמִי
de nuit (adj)	leili	לֵילִי

tampon (m)	tampon	טַמְפּוֹן (ז)
papier (m) de toilette	neyar tu'alet	נְיָיר טוּאָלֶט (ז)
sèche-cheveux (m)	meyabeʃ se'ar	מְיַיבֵּשׁ שֵׂיעָר (ז)

34. Les montres. Les horloges

montre (f)	ʃe'on yad	שְׁעוֹן יָד (ז)
cadran (m)	'luaχ ʃa'on	לוּחַ שָׁעוֹן (ז)
aiguille (f)	maχog	מָחוֹג (ז)
bracelet (m)	tsamid	צָמִיד (ז)
bracelet (m) (en cuir)	retsu'a leʃa'on	רְצוּעָה לְשָׁעוֹן (נ)

pile (f)	solela	סוֹלְלָה (נ)
être déchargé	lehitroken	לְהִתְרוֹקֵן
changer de pile	lehaχlif	לְהַחְלִיף
avancer (vi)	lemaher	לְמַהֵר
retarder (vi)	lefager	לְפַגֵּר

pendule (f)	ʃe'on kir	שְׁעוֹן קִיר (ז)
sablier (m)	ʃe'on χol	שְׁעוֹן חוֹל (ז)
cadran (m) solaire	ʃe'on 'ʃemeʃ	שְׁעוֹן שֶׁמֶשׁ (ז)
réveil (m)	ʃa'on me'orer	שָׁעוֹן מְעוֹרֵר (ז)
horloger (m)	ʃa'an	שָׁעָן (ז)
réparer (vt)	letaken	לְתַקֵן

Les aliments. L'alimentation

35. Les aliments

viande (f)	basar	בָּשָׂר (ז)
poulet (m)	of	עוֹף (ז)
poulet (m) (poussin)	pargit	פַּרגִית (נ)
canard (m)	barvaz	בַּרווָז (ז)
oie (f)	avaz	אֲווָז (ז)
gibier (m)	'tsayid	צַיִד (ז)
dinde (f)	'hodu	הוֹדוּ (ז)
du porc	basar xazir	בְּשַׂר חֲזִיר (ז)
du veau	basar 'egel	בְּשַׂר עֵגֶל (ז)
du mouton	basar 'keves	בְּשַׂר כֶּבֶשׂ (ז)
du bœuf	bakar	בָּקָר (ז)
lapin (m)	arnav	אַרנָב (ז)
saucisson (m)	naknik	נַקנִיק (ז)
saucisse (f)	naknikiya	נַקנִיקִיָיה (נ)
bacon (m)	'kotel xazir	קוֹתֶל חֲזִיר (ז)
jambon (m)	basar xazir meʿuʃan	בְּשַׂר חֲזִיר מְעוּשָן (ז)
cuisse (f)	'kotel xazir meʿuʃan	קוֹתֶל חֲזִיר מְעוּשָן (ז)
pâté (m)	pate	פָּטֶה (ז)
foie (m)	kaved	כָּבֵד (ז)
farce (f)	basar taxun	בְּשַׂר טָחוּן (ז)
langue (f)	laʃon	לָשוֹן (נ)
œuf (m)	beitsa	בֵּיצָה (נ)
les œufs	beitsim	בֵּיצִים (נ"ר)
blanc (m) d'œuf	xelbon	חֶלבּוֹן (ז)
jaune (m) d'œuf	xelmon	חֶלמוֹן (ז)
poisson (m)	dag	דָג (ז)
fruits (m pl) de mer	perot yam	פֵּירוֹת יָם (ז"ר)
crustacés (m pl)	sartana'im	סַרטָנָאִים (ז"ר)
caviar (m)	kavyar	קָווִיאָר (ז)
crabe (m)	sartan yam	סַרטָן יָם (ז)
crevette (f)	ʃrimps	שרִימפּס (ז"ר)
huître (f)	tsidpat ma'axal	צִדפַּת מַאֲכָל (נ)
langoustine (f)	'lobster kotsani	לוֹבּסטֶר קוֹצָנִי (ז)
poulpe (m)	tamnun	תַמנוּן (ז)
calamar (m)	kala'mari	קָלָמָארִי (ז)
esturgeon (m)	basar haxidkan	בְּשַׂר הַחִדקָן (ז)
saumon (m)	'salmon	סַלמוֹן (ז)
flétan (m)	putit	פּוּטִית (נ)
morue (f)	ʃibut	שִיבּוּט (ז)

maquereau (m)	kolyas	קוֹלְיָס (ז)
thon (m)	'tuna	טוּנָה (נ)
anguille (f)	tslofaχ	צְלוֹפָח (ז)
truite (f)	forel	פוֹרֶל (ז)
sardine (f)	sardin	סַרְדִּין (ז)
brochet (m)	ze'ev 'mayim	זְאָב מַיִם (ז)
hareng (m)	ma'liaχ	מָלִיחַ (ז)
pain (m)	'leχem	לֶחֶם (ז)
fromage (m)	gvina	גְּבִינָה (נ)
sucre (m)	sukar	סוּכָּר (ז)
sel (m)	'melaχ	מֶלַח (ז)
riz (m)	'orez	אוֹרֶז (ז)
pâtes (m pl)	'pasta	פַּסְטָה (נ)
nouilles (f pl)	irtiyot	אִטְרִיּוֹת (נ״ר)
beurre (m)	χem'a	חֶמְאָה (נ)
huile (f) végétale	'ʃemen tsimχi	שֶׁמֶן צִמְחִי (ז)
huile (f) de tournesol	'ʃemen χamaniyot	שֶׁמֶן חַמָּנִיּוֹת (ז)
margarine (f)	marga'rina	מַרְגָּרִינָה (נ)
olives (f pl)	zeitim	זֵיתִים (ז״ר)
huile (f) d'olive	'ʃemen 'zayit	שֶׁמֶן זַיִת (ז)
lait (m)	χalav	חָלָב (ז)
lait (m) condensé	χalav merukaz	חָלָב מְרוּכָּז (ז)
yogourt (m)	'yogurt	יוֹגוּרְט (ז)
crème (f) aigre	ʃa'menet	שַׁמֶּנֶת (נ)
crème (f) (de lait)	ʃa'menet	שַׁמֶּנֶת (נ)
sauce (f) mayonnaise	mayonez	מָיוֹנֵז (ז)
crème (f) au beurre	ka'tsefet χem'a	קַצֶּפֶת חֶמְאָה (נ)
gruau (m)	grisim	גְּרִיסִים (ז״ר)
farine (f)	'kemaχ	קֶמַח (ז)
conserves (f pl)	ʃimurim	שִׁימוּרִים (ז״ר)
pétales (m pl) de maïs	ptitei 'tiras	פְּתִיתֵי תִּירָס (ז״ר)
miel (m)	dvaʃ	דְּבַשׁ (ז)
confiture (f)	riba	רִיבָּה (נ)
gomme (f) à mâcher	'mastik	מַסְטִיק (ז)

36. Les boissons

eau (f)	'mayim	מַיִם (ז״ר)
eau (f) potable	mei ʃtiya	מֵי שְׁתִיָּה (ז״ר)
eau (f) minérale	'mayim mine'raliyim	מַיִם מִינֶרָלִיִּים (ז״ר)
plate (adj)	lo mugaz	לֹא מוּגָז
gazeuse (l'eau ~)	mugaz	מוּגָז
pétillante (adj)	mugaz	מוּגָז
glace (f)	'keraχ	קֶרַח (ז)

avec de la glace	im 'keraχ	עִם קֶרַח
sans alcool	natul alkohol	נָטוּל אַלְכּוֹהוֹל
boisson (f) non alcoolisée	maʃke kal	מַשְׁקֶה קַל (ז)
rafraîchissement (m)	maʃke mera'anen	מַשְׁקֶה מְרַעֲנֵן (ז)
limonade (f)	limo'nada	לִימוֹנָדָה (נ)
boissons (f pl) alcoolisées	maʃka'ot χarifim	מַשְׁקָאוֹת חֲרִיפִים (ז״ר)
vin (m)	'yayin	יַיִן (ז)
vin (m) blanc	'yayin lavan	יַיִן לָבָן (ז)
vin (m) rouge	'yayin adom	יַיִן אָדוֹם (ז)
liqueur (f)	liker	לִיקֶר (ז)
champagne (m)	ʃam'panya	שַׁמְפַּנְיָה (נ)
vermouth (m)	'vermut	וֶרְמוּט (ז)
whisky (m)	'viski	וִיסְקִי (ז)
vodka (f)	'vodka	וֹדְקָה (נ)
gin (m)	dʒin	ג׳ין (ז)
cognac (m)	'konyak	קוֹנְיָאק (ז)
rhum (m)	rom	רוֹם (ז)
café (m)	kafe	קָפֶה (ז)
café (m) noir	kafe ʃaχor	קָפֶה שָׁחוֹר (ז)
café (m) au lait	kafe hafuχ	קָפֶה הָפוּךְ (ז)
cappuccino (m)	kapu'tʃino	קָפוּצִ׳ינוֹ (ז)
café (m) soluble	kafe names	קָפֶה נָמֵס (ז)
lait (m)	χalav	חָלָב (ז)
cocktail (m)	kokteil	קוֹקְטֵיל (ז)
cocktail (m) au lait	'milkʃeik	מִילְקְשֵׁייק (ז)
jus (m)	mits	מִיץ (ז)
jus (m) de tomate	mits agvaniyot	מִיץ עַגְבָנִיּוֹת (ז)
jus (m) d'orange	mits tapuzim	מִיץ תַּפּוּזִים (ז)
jus (m) pressé	mits saχut	מִיץ סָחוּט (ז)
bière (f)	'bira	בִּירָה (נ)
bière (f) blonde	'bira bahira	בִּירָה בְּהִירָה (נ)
bière (f) brune	'bira keha	בִּירָה כֵּהָה (נ)
thé (m)	te	תֵּה (ז)
thé (m) noir	te ʃaχor	תֵּה שָׁחוֹר (ז)
thé (m) vert	te yarok	תֵּה יָרוֹק (ז)

37. Les légumes

légumes (m pl)	yerakot	יְרָקוֹת (ז״ר)
verdure (f)	'yerek	יֶרֶק (ז)
tomate (f)	agvaniya	עַגְבָנִיָּה (נ)
concombre (m)	melafefon	מְלָפְפוֹן (ז)
carotte (f)	'gezer	גֶּזֶר (ז)
pomme (f) de terre	ta'puaχ adama	תַּפּוּחַ אֲדָמָה (ז)
oignon (m)	batsal	בָּצָל (ז)

ail (m)	ʃum	שׁוּם (ז)
chou (m)	kruv	כְּרוּב (ז)
chou-fleur (m)	kruvit	כְּרוּבִית (נ)
chou (m) de Bruxelles	kruv nitsanim	כְּרוּב נִצָּנִים (ז)
brocoli (m)	'brokoli	בְּרוֹקוֹלִי (ז)
betterave (f)	'selek	סֶלֶק (ז)
aubergine (f)	χatsil	חָצִיל (ז)
courgette (f)	kiʃu	קִישׁוּא (ז)
potiron (m)	'dlaʻat	דְּלַעַת (נ)
navet (m)	'lefet	לֶפֶת (נ)
persil (m)	petro'zilya	פֶּטְרוֹזִילְיָה (נ)
fenouil (m)	ʃamir	שָׁמִיר (ז)
laitue (f) (salade)	'χasa	חַסָּה (נ)
céleri (m)	'seleri	סֶלֶרִי (ז)
asperge (f)	aspa'ragos	אַסְפָּרָגוֹס (ז)
épinard (m)	'tered	תֶּרֶד (ז)
pois (m)	afuna	אֲפוּנָה (נ)
fèves (f pl)	pol	פּוֹל (ז)
maïs (m)	'tiras	תִּירָס (ז)
haricot (m)	ʃu'it	שְׁעוּעִית (נ)
poivron (m)	'pilpel	פִּלְפֵּל (ז)
radis (m)	tsnonit	צְנוֹנִית (נ)
artichaut (m)	artiʃok	אַרְטִישׁוֹק (ז)

38. Les fruits. Les noix

fruit (m)	pri	פְּרִי (ז)
pomme (f)	ta'puaχ	תַּפּוּחַ (ז)
poire (f)	agas	אַגָּס (ז)
citron (m)	limon	לִימוֹן (ז)
orange (f)	tapuz	תַּפּוּז (ז)
fraise (f)	tut sade	תּוּת שָׂדֶה (ז)
mandarine (f)	klemen'tina	קְלֶמֶנְטִינָה (נ)
prune (f)	ʃezif	שְׁזִיף (ז)
pêche (f)	afarsek	אֲפַרְסֵק (ז)
abricot (m)	'miʃmeʃ	מִשְׁמֵשׁ (ז)
framboise (f)	'petel	פֶּטֶל (ז)
ananas (m)	'ananas	אֲנָנָס (ז)
banane (f)	ba'nana	בַּנָנָה (נ)
pastèque (f)	ava'tiaχ	אֲבַטִּיחַ (ז)
raisin (m)	anavim	עֲנָבִים (ז"ר)
cerise (f)	duvdevan	דֻּבְדְּבָן (ז)
merise (f)	gudgedan	גּוּדְגְּדָן (ז)
melon (m)	melon	מֶלוֹן (ז)
pamplemousse (m)	eʃkolit	אֶשְׁכּוֹלִית (נ)
avocat (m)	avo'kado	אֲבוֹקָדוֹ (ז)
papaye (f)	pa'paya	פַּפָּאיָה (נ)

mangue (f)	'mango	מַנְגוֹ (ז)
grenade (f)	rimon	רִימוֹן (ז)

groseille (f) rouge	dumdemanit aduma	דּוּמְדְּמָנִית אֲדוּמָּה (נ)
cassis (m)	dumdemanit ʃχora	דּוּמְדְּמָנִית שְׁחוֹרָה (נ)
groseille (f) verte	χazarzar	חֲזַרְזַר (ז)
myrtille (f)	uχmanit	אוּכְמָנִית (נ)
mûre (f)	'petel ʃaχor	פֶּטֶל שָׁחוֹר (ז)

raisin (m) sec	tsimukim	צִימוּקִים (ז״ר)
figue (f)	te'ena	תְּאֵנָה (נ)
datte (f)	tamar	תָּמָר (ז)

cacahuète (f)	botnim	בּוֹטְנִים (ז״ר)
amande (f)	ʃaked	שָׁקֵד (ז)
noix (f)	egoz 'meleχ	אֱגוֹז מֶלֶךְ (ז)
noisette (f)	egoz ilsar	אֱגוֹז אִלְסָר (ז)
noix (f) de coco	'kokus	קוֹקוּס (ז)
pistaches (f pl)	'fistuk	פִּיסְטוּק (ז)

39. Le pain. Les confiseries

confiserie (f)	mutsrei kondi'torya	מוּצְרֵי קוֹנְדִּיטוֹרְיָה (ז״ר)
pain (m)	'leχem	לֶחֶם (ז)
biscuit (m)	ugiya	עוּגִיָּה (נ)

chocolat (m)	'ʃokolad	שׁוֹקוֹלָד (ז)
en chocolat (adj)	mi'ʃokolad	מְשׁוֹקוֹלָד
bonbon (m)	sukariya	סוּכָּרִיָּה (נ)
gâteau (m), pâtisserie (f)	uga	עוּגָה (נ)
tarte (f)	uga	עוּגָה (נ)

gâteau (m)	pai	פַּאי (ז)
garniture (f)	milui	מִילּוּי (ז)

confiture (f)	riba	רִיבָּה (נ)
marmelade (f)	marme'lada	מַרְמָלָדָה (נ)
gaufre (f)	'vaflim	וָפְלִים (ז״ר)
glace (f)	'glida	גְּלִידָה (נ)
pudding (m)	'puding	פּוּדִינְג (ז)

40. Les plats cuisinés

plat (m)	mana	מָנָה (נ)
cuisine (f)	mitbaχ	מִטְבָּח (ז)
recette (f)	matkon	מַתְכּוֹן (ז)
portion (f)	mana	מָנָה (נ)

salade (f)	salat	סָלָט (ז)
soupe (f)	marak	מָרָק (ז)
bouillon (m)	marak tsaχ, tsir	מָרָק צַח, צִיר (ז)
sandwich (m)	kariχ	כָּרִיךְ (ז)

les œufs brouillés	beitsat ain	בֵּיצַת עַיִן (נ)
hamburger (m)	'hamburger	הַמְבּוּרְגֶר (ז)
steak (m)	umtsa, steik	אוּמְצָה (נ), סְטֵייק (ז)

garniture (f)	to'sefet	תּוֹסֶפֶת (נ)
spaghettis (m pl)	spa'geti	סְפָּגֶטִי (ז)
purée (f)	meχit tapuχei adama	מְחִית תַּפּוּחֵי אֲדָמָה (נ)
pizza (f)	'pitsa	פִּיצָה (נ)
bouillie (f)	daysa	דַּיְסָה (נ)
omelette (f)	χavita	חֲבִיתָה (נ)

cuit à l'eau (adj)	mevuʃal	מְבוּשָׁל
fumé (adj)	me'uʃan	מְעוּשָׁן
frit (adj)	metugan	מְטוּגָן
sec (adj)	meyubaʃ	מְיוּבָּשׁ
congelé (adj)	kafu	קָפוּא
mariné (adj)	kavuʃ	כָּבוּשׁ

sucré (adj)	matok	מָתוֹק
salé (adj)	ma'luaχ	מָלוּחַ
froid (adj)	kar	קַר
chaud (adj)	χam	חַם
amer (adj)	marir	מָרִיר
bon (savoureux)	ta'im	טָעִים

cuire à l'eau	levaʃel be'mayim rotχim	לְבַשֵּׁל בְּמַיִם רוֹתְחִים
préparer (le dîner)	levaʃel	לְבַשֵּׁל
faire frire	letagen	לְטַגֵּן
réchauffer (vt)	leχamem	לְחַמֵּם

saler (vt)	leham'liaχ	לְהַמְלִיחַ
poivrer (vt)	lefalpel	לְפַלְפֵּל
râper (vt)	lerasek	לְרַסֵּק
peau (f)	klipa	קְלִיפָּה (נ)
éplucher (vt)	lekalef	לְקַלֵּף

41. Les épices

sel (m)	'melaχ	מֶלַח (ז)
salé (adj)	ma'luaχ	מָלוּחַ
saler (vt)	leham'liaχ	לְהַמְלִיחַ

poivre (m) noir	'pilpel ʃaχor	פִּלְפֵּל שָׁחוֹר (ז)
poivre (m) rouge	'pilpel adom	פִּלְפֵּל אָדוֹם (ז)
moutarde (f)	χardal	חַרְדָּל (ז)
raifort (m)	χa'zeret	חֲזֶרֶת (נ)

condiment (m)	'rotev	רוֹטֶב (ז)
épice (f)	tavlin	תַּבְלִין (ז)
sauce (f)	'rotev	רוֹטֶב (ז)
vinaigre (m)	'χomets	חוֹמֶץ (ז)

anis (m)	kamnon	כַּמְנוֹן (ז)
basilic (m)	reχan	רֵיחָן (ז)

clou (m) de girofle	tsi'poren	ציפּוֹרֶן (ז)
gingembre (m)	'dʒindʒer	ג׳ינג׳ר (ז)
coriandre (m)	'kusbara	כּוּסְבָּרָה (נ)
cannelle (f)	kinamon	קִינָמוֹן (ז)
sésame (m)	'ʃumʃum	שׁוּמְשׁוֹם (ז)
feuille (f) de laurier	ale dafna	עָלֶה דַפְנָה (ז)
paprika (m)	'paprika	פַּפְרִיקָה (נ)
cumin (m)	'kimel	קִימֶל (ז)
safran (m)	ze'afran	זְעַפְרָן (ז)

42. Les repas

nourriture (f)	'oχel	אוֹכֶל (ז)
manger (vi, vt)	le'eχol	לֶאֱכוֹל
petit déjeuner (m)	aruχat 'boker	אֲרוּחַת בּוֹקֶר (נ)
prendre le petit déjeuner	le'eχol aruχat 'boker	לֶאֱכוֹל אֲרוּחַת בּוֹקֶר
déjeuner (m)	aruχat tsaha'rayim	אֲרוּחַת צָהֳרַיִים (נ)
déjeuner (vi)	le'eχol aruχat tsaha'rayim	לֶאֱכוֹל אֲרוּחַת צָהֳרַיִים
dîner (m)	aruχat 'erev	אֲרוּחַת עֶרֶב (נ)
dîner (vi)	le'eχol aruχat 'erev	לֶאֱכוֹל אֲרוּחַת עֶרֶב
appétit (m)	te'avon	תַיָאבוֹן (ז)
Bon appétit!	betei'avon!	בְּתֵיאָבוֹן!
ouvrir (vt)	lif'toaχ	לִפְתוֹחַ
renverser (liquide)	liʃpoχ	לִשְׁפּוֹךְ
se renverser (liquide)	lehiʃapeχ	לְהִישָׁפֵךְ
bouillir (vi)	lir'toaχ	לִרְתוֹחַ
faire bouillir	lehar'tiaχ	לְהַרְתִיחַ
bouilli (l'eau ~e)	ra'tuaχ	רָתוּחַ
refroidir (vt)	lekarer	לְקָרֵר
se refroidir (vp)	lehitkarer	לְהִתְקָרֵר
goût (m)	'ta'am	טַעַם (ז)
arrière-goût (m)	'ta'am levai	טַעַם לְוַואי (ז)
suivre un régime	lirzot	לִרְזוֹת
régime (m)	di"eta	דִיאֶטָה (נ)
vitamine (f)	vitamin	וִיטָמִין (ז)
calorie (f)	ka'lorya	קָלוֹרִיָה (נ)
végétarien (m)	tsimχoni	צִמְחוֹנִי (ז)
végétarien (adj)	tsimχoni	צִמְחוֹנִי
lipides (m pl)	ʃumanim	שׁוּמָנִים (ז״ר)
protéines (f pl)	χelbonim	חֶלְבּוֹנִים (ז״ר)
glucides (m pl)	paχmema	פַּחְמֵימָה (נ)
tranche (f)	prusa	פְּרוּסָה (נ)
morceau (m)	χatiχa	חֲתִיכָה (נ)
miette (f)	perur	פֵּירוּר (ז)

43. Le dressage de la table

cuillère (f)	kaf	כַּף (ז)
couteau (m)	sakin	סַכִּין (ז, נ)
fourchette (f)	mazleg	מַזְלֵג (ז)
tasse (f)	'sefel	סֵפֶל (ז)
assiette (f)	tsa'laxat	צַלַּחַת (נ)
soucoupe (f)	taxtit	תַּחְתִּית (נ)
serviette (f)	mapit	מַפִּית (נ)
cure-dent (m)	keisam ʃi'nayim	קֵיסָם שִׁינַּיִים (ז)

44. Le restaurant

restaurant (m)	mis'ada	מִסְעָדָה (נ)
salon (m) de café	beit kafe	בֵּית קָפֶה (ז)
bar (m)	bar, pab	בָּר, פָּאב (ז)
salon (m) de thé	beit te	בֵּית תֵּה (ז)
serveur (m)	meltsar	מֶלְצָר (ז)
serveuse (f)	meltsarit	מֶלְצָרִית (נ)
barman (m)	'barmen	בַּרְמֶן (ז)
carte (f)	tafrit	תַּפְרִיט (ז)
carte (f) des vins	reʃimat yeynot	רְשִׁימַת יֵינוֹת (נ)
réserver une table	lehazmin ʃulxan	לְהַזְמִין שׁוּלְחָן
plat (m)	mana	מָנָה (נ)
commander (vt)	lehazmin	לְהַזְמִין
faire la commande	lehazmin	לְהַזְמִין
apéritif (m)	maʃke meta'aven	מַשְׁקֶה מְתַאֲבֵן (ז)
hors-d'œuvre (m)	meta'aven	מְתַאֲבֵן (ז)
dessert (m)	ki'nuax	קִינוּחַ (ז)
addition (f)	xeʃbon	חֶשְׁבּוֹן (ז)
régler l'addition	leʃalem	לְשַׁלֵּם
rendre la monnaie	latet 'odef	לָתֵת עוֹדֶף
pourboire (m)	tip	טִיפּ (ז)

La famille. Les parents. Les amis

45. Les données personnelles. Les formulaires

prénom (m)	ʃem	שֵׁם (ז)
nom (m) de famille	ʃem miʃpaxa	שֵׁם מִשְׁפָּחָה (ז)
date (f) de naissance	ta'arix leda	תַּאֲרִיךְ לֵידָה (ז)
lieu (m) de naissance	mekom leda	מְקוֹם לֵידָה (ז)
nationalité (f)	le'om	לְאוֹם (ז)
domicile (m)	mekom megurim	מְקוֹם מְגוּרִים (ז)
pays (m)	medina	מְדִינָה (נ)
profession (f)	mik'tso'a	מִקְצוֹעַ (ז)
sexe (m)	min	מִין (ז)
taille (f)	'gova	גוֹבַה (ז)
poids (m)	miʃkal	מִשְׁקָל (ז)

46. La famille. Les liens de parenté

mère (f)	em	אֵם (נ)
père (m)	av	אָב (ז)
fils (m)	ben	בֵּן (ז)
fille (f)	bat	בַּת (נ)
fille (f) cadette	habat haktana	הַבַּת הַקְּטַנָה (נ)
fils (m) cadet	haben hakatan	הַבֵּן הַקָטָן (ז)
fille (f) aînée	habat habxora	הַבַּת הַבְּכוֹרָה (נ)
fils (m) aîné	haben habxor	הַבֵּן הַבְּכוֹר (ז)
frère (m)	ax	אָח (ז)
frère (m) aîné	ax gadol	אָח גָדוֹל (ז)
frère (m) cadet	ax katan	אָח קָטָן (ז)
sœur (f)	axot	אָחוֹת (נ)
sœur (f) aînée	axot gdola	אָחוֹת גדוֹלָה (נ)
sœur (f) cadette	axot ktana	אָחוֹת קְטַנָה (נ)
cousin (m)	ben dod	בֶּן דוֹד (ז)
cousine (f)	bat 'doda	בַּת דוֹדָה (נ)
maman (f)	'ima	אִמָא (נ)
papa (m)	'aba	אַבָּא (ז)
parents (m pl)	horim	הוֹרִים (ז״ר)
enfant (m, f)	'yeled	יֶלֶד (ז)
enfants (pl)	yeladim	יְלָדִים (ז״ר)
grand-mère (f)	'savta	סַבְתָא (נ)
grand-père (m)	'saba	סָבָּא (ז)
petit-fils (m)	'nexed	נֶכֶד (ז)

petite-fille (f)	nexda	נֶכְדָּה (נ)
petits-enfants (pl)	nexadim	נְכָדִים (ז״ר)
oncle (m)	dod	דּוֹד (ז)
tante (f)	'doda	דּוֹדָה (נ)
neveu (m)	axyan	אַחְיָן (ז)
nièce (f)	axyanit	אַחְיָינִית (נ)
belle-mère (f)	xamot	חָמוֹת (נ)
beau-père (m)	xam	חָם (ז)
gendre (m)	xatan	חָתָן (ז)
belle-mère (f)	em xoreget	אֵם חוֹרֶגֶת (נ)
beau-père (m)	av xoreg	אָב חוֹרֵג (ז)
nourrisson (m)	tinok	תִּינוֹק (ז)
bébé (m)	tinok	תִּינוֹק (ז)
petit (m)	pa'ot	פָּעוֹט (ז)
femme (f)	iʃa	אִשָּׁה (נ)
mari (m)	'ba'al	בַּעַל (ז)
époux (m)	ben zug	בֶּן זוּג (ז)
épouse (f)	bat zug	בַּת זוּג (נ)
marié (adj)	nasui	נָשׂוּי
mariée (adj)	nesu'a	נְשׂוּאָה
célibataire (adj)	ravak	רַוָּוק
célibataire (m)	ravak	רַוָּוק (ז)
divorcé (adj)	garuʃ	גָּרוּשׁ
veuve (f)	almana	אַלְמָנָה (נ)
veuf (m)	alman	אַלְמָן (ז)
parent (m)	karov miʃpaxa	קָרוֹב מִשְׁפָּחָה (ז)
parent (m) proche	karov miʃpaxa	קָרוֹב מִשְׁפָּחָה (ז)
parent (m) éloigné	karov raxok	קָרוֹב רָחוֹק (ז)
parents (m pl)	krovei miʃpaxa	קְרוֹבֵי מִשְׁפָּחָה (ז״ר)
orphelin (m)	yatom	יָתוֹם (ז)
orpheline (f)	yetoma	יְתוֹמָה (נ)
tuteur (m)	apo'tropos	אֲפּוֹטְרוֹפּוֹס (ז)
adopter (un garçon)	le'amets	לְאַמֵּץ
adopter (une fille)	le'amets	לְאַמֵּץ

La médecine

47. Les maladies

maladie (f)	maxala	מַחֲלָה (נ)
être malade	lihyot xole	לִהְיוֹת חוֹלֶה
santé (f)	bri'ut	בְּרִיאוּת (נ)
rhume (m) (coryza)	na'zelet	נַזֶלֶת (נ)
angine (f)	da'leket ʃkedim	דַלֶקֶת שְקֵדִים (נ)
refroidissement (m)	hitstanenut	הִצטַנְנוּת (נ)
prendre froid	lehitstanen	לְהִצטַנֵן
bronchite (f)	bron'xitis	בּרוֹנכִיטִיס (ז)
pneumonie (f)	da'leket re'ot	דַלֶקֶת רֵיאוֹת (נ)
grippe (f)	ʃa'pa'at	שַפַּעַת (נ)
myope (adj)	ktsar re'iya	קצַר רְאִייָה
presbyte (adj)	rexok re'iya	רְחוֹק־רְאִייָה
strabisme (m)	pzila	פְּזִילָה (נ)
strabique (adj)	pozel	פּוֹזֵל
cataracte (f)	katarakt	קָטָרַקט (ז)
glaucome (m)	gla'u'koma	גלָאוּקוֹמָה (נ)
insulte (f)	ʃavats moxi	שָבָץ מוֹחִי (ז)
crise (f) cardiaque	hetkef lev	הֵתקֵף לֵב (ז)
infarctus (m) de myocarde	'otem ʃrir halev	אוֹטֶם שרִיר הַלֵב (ז)
paralysie (f)	ʃituk	שִיתוּק (ז)
paralyser (vt)	leʃatek	לְשַתֵק
allergie (f)	a'lergya	אָלֶרגִיָה (נ)
asthme (m)	'astma, ka'tseret	אַסתמָה, קַצֶרֶת (נ)
diabète (m)	su'keret	סוּכֶּרֶת (נ)
mal (m) de dents	ke'ev ʃi'nayim	כְּאֵב שִינַיִים (ז)
carie (f)	a'ʃeʃet	עַשֶשֶת (נ)
diarrhée (f)	ʃilʃul	שִלשוּל (ז)
constipation (f)	atsirut	עֲצִירוּת (נ)
estomac (m) barbouillé	kilkul keiva	קִלקוּל קֵיבָה (ז)
intoxication (f) alimentaire	har'alat mazon	הַרעָלַת מָזוֹן (נ)
être intoxiqué	laxatof har'alat mazon	לַחֲטוֹף הַרעָלַת מָזוֹן
arthrite (f)	da'leket mifrakim	דַלֶקֶת מִפרָקִים (נ)
rachitisme (m)	ra'kexet	רַכֶּכֶת (נ)
rhumatisme (m)	ʃigaron	שִיגָרוֹן (ז)
athérosclérose (f)	ar'teryo skle'rosis	אַרטֶריוֹ־סקלֶרוֹסִיס (ז)
gastrite (f)	da'leket keiva	דַלֶקֶת קֵיבָה (נ)
appendicite (f)	da'leket toseftan	דַלֶקֶת תוֹספּתָן (נ)

cholécystite (f)	da'leket kis hamara	דַּלֶּקֶת כִּיס הַמָּרָה (נ)
ulcère (m)	'ulkus, kiv	אוּלְקוּס, כִּיב (ז)
rougeole (f)	xa'tsevet	חַצֶּבֶת (נ)
rubéole (f)	a'demet	אַדֶּמֶת (נ)
jaunisse (f)	tsa'hevet	צַהֶבֶת (נ)
hépatite (f)	da'leket kaved	דַּלֶּקֶת כָּבֵד (נ)
schizophrénie (f)	sxizo'frenya	סְכִיזוֹפְרֶנְיָה (נ)
rage (f) (hydrophobie)	ka'levet	כַּלֶּבֶת (נ)
névrose (f)	noi'roza	נוֹירוֹזָה (נ)
commotion (f) cérébrale	za'a'zu'a 'moax	זַעֲזוּעַ מוֹחַ (ז)
cancer (m)	sartan	סַרְטָן (ז)
sclérose (f)	ta'reʃet	טָרֶשֶׁת (נ)
sclérose (f) en plaques	ta'reʃet nefotsa	טָרֶשֶׁת נְפוֹצָה (נ)
alcoolisme (m)	alkoholizm	אַלְכּוֹהוֹלִיזְם (ז)
alcoolique (m)	alkoholist	אַלְכּוֹהוֹלִיסְט (ז)
syphilis (f)	a'gevet	עַגֶּבֶת (נ)
SIDA (m)	eids	אַיְידְס (ז)
tumeur (f)	gidul	גִּידוּל (ז)
maligne (adj)	mam'ir	מַמְאִיר
bénigne (adj)	ʃapir	שָׁפִיר
fièvre (f)	ka'daxat	קַדַּחַת (נ)
malaria (f)	ma'larya	מָלַרְיָה (נ)
gangrène (f)	gan'grena	גַּנְגְּרֶנָה (נ)
mal (m) de mer	maxalat yam	מַחֲלַת יָם (נ)
épilepsie (f)	maxalat hanefila	מַחֲלַת הַנְפִילָה (נ)
épidémie (f)	magefa	מַגֵּיפָה (נ)
typhus (m)	'tifus	טִיפוּס (ז)
tuberculose (f)	ʃa'xefet	שַׁחֶפֶת (נ)
choléra (m)	ko'lera	כּוֹלֵרָה (נ)
peste (f)	davar	דֶּבֶר (ז)

48. Les symptômes. Le traitement. Partie 1

symptôme (m)	simptom	סִימְפְּטוֹם (ז)
température (f)	xom	חוֹם (ז)
fièvre (f)	xom ga'voha	חוֹם גָּבוֹהַ (ז)
pouls (m)	'dofek	דוֹפֶק (ז)
vertige (m)	sxar'xoret	סְחַרְחוֹרֶת (נ)
chaud (adj)	xam	חַם
frisson (m)	tsmar'moret	צְמַרְמוֹרֶת (נ)
pâle (adj)	xiver	חִיוֵּר
toux (f)	ʃi'ul	שִׁיעוּל (ז)
tousser (vi)	lehiʃta'el	לְהִשְׁתַּעֵל
éternuer (vi)	lehit'ateʃ	לְהִתְעַטֵּשׁ
évanouissement (m)	ilafon	עִילָּפוֹן (ז)

s'évanouir (vp)	lehit'alef	לְהִתְעַלֵּף
bleu (m)	xabura	חַבּוּרָה (נ)
bosse (f)	blita	בְּלִיטָה (נ)
se heurter (vp)	lekabel maka	לְקַבֵּל מַכָּה
meurtrissure (f)	maka	מַכָּה (נ)
se faire mal	lekabel maka	לְקַבֵּל מַכָּה
boiter (vi)	lits'lo'a	לִצְלוֹעַ
foulure (f)	'neka	נֶקַע (ז)
se démettre (l'épaule, etc.)	lin'ko'a	לִנְקוֹעַ
fracture (f)	'ʃever	שֶׁבֶר (ז)
avoir une fracture	liʃbor	לִשְׁבּוֹר
coupure (f)	xatax	חָתָךְ (ז)
se couper (~ le doigt)	lehixatex	לְהֵיחָתֵךְ
hémorragie (f)	dimum	דִימוּם (ז)
brûlure (f)	kviya	כְּוִויָה (נ)
se brûler (vp)	laxatof kviya	לַחֲטוֹף כְּוִויָה
se piquer (le doigt)	lidkor	לִדְקוֹר
se piquer (vp)	lehidaker	לְהִידָקֵר
blesser (vt)	lif'tso'a	לִפְצוֹעַ
blessure (f)	ptsi'a	פְּצִיעָה (נ)
plaie (f) (blessure)	'petsa	פֶּצַע (ז)
trauma (m)	'tra'uma	טְרָאוּמָה (נ)
délirer (vi)	lahazot	לַהֲזוֹת
bégayer (vi)	legamgem	לְגַמְגֵם
insolation (f)	makat 'ʃemeʃ	מַכַּת שֶׁמֶשׁ (נ)

49. Les symptômes. Le traitement. Partie 2

douleur (f)	ke'ev	כְּאֵב (ז)
écharde (f)	kots	קוֹץ (ז)
sueur (f)	ze'a	זֵיעָה (נ)
suer (vi)	leha'zi'a	לְהַזִיעַ
vomissement (m)	haka'a	הֲקָאָה (נ)
spasmes (m pl)	pirkusim	פִּרְכּוּסִים (ז"ר)
enceinte (adj)	hara	הָרָה
naître (vi)	lehivaled	לְהִיוָולֵד
accouchement (m)	leda	לֵידָה (נ)
accoucher (vi)	la'ledet	לָלֶדֶת
avortement (m)	hapala	הַפָּלָה (נ)
respiration (f)	neʃima	נְשִׁימָה (נ)
inhalation (f)	ʃe'ifa	שְׁאִיפָה (נ)
expiration (f)	neʃifa	נְשִׁיפָה (נ)
expirer (vi)	linʃof	לִנְשׁוֹף
inspirer (vi)	liʃ'of	לִשְׁאוֹף
invalide (m)	naxe	נָכֶה (ז)
handicapé (m)	naxe	נָכֶה (ז)

drogué (m)	narkoman	נַרְקוֹמָן (ז)
sourd (adj)	xereʃ	חֵירֵשׁ
muet (adj)	ilem	אִילֵם
sourd-muet (adj)	xereʃ-ilem	חֵירֵשׁ־אִילֵם
fou (adj)	meʃuga	מְשׁוּגָע
fou (m)	meʃuga	מְשׁוּגָע (ז)
folle (f)	meʃu'ga'at	מְשׁוּגַעַת (נ)
devenir fou	lehiʃta'ge'a	לְהִשְׁתַּגֵּעַ
gène (m)	gen	גֵן (ז)
immunité (f)	xasinut	חֲסִינוּת (נ)
héréditaire (adj)	toraʃti	תּוֹרַשְׁתִּי
congénital (adj)	mulad	מוּלָד
virus (m)	'virus	וִירוּס (ז)
microbe (m)	xaidak	חַיְדָּק (ז)
bactérie (f)	bak'terya	בַּקְטֶרְיָה (נ)
infection (f)	zihum	זִיהוּם (ז)

50. Les symptômes. Le traitement. Partie 3

hôpital (m)	beit xolim	בֵּית חוֹלִים (ז)
patient (m)	metupal	מְטוּפָּל (ז)
diagnostic (m)	avxana	אַבְחָנָה (נ)
cure (f) (faire une ~)	ripui	רִיפּוּי (ז)
traitement (m)	tipul refu'i	טִיפּוּל רְפוּאִי (ז)
se faire soigner	lekabel tipul	לְקַבֵּל טִיפּוּל
traiter (un patient)	letapel be...	לְטַפֵּל בְּ...
soigner (un malade)	letapel be...	לְטַפֵּל בְּ...
soins (m pl)	tipul	טִיפּוּל (ז)
opération (f)	ni'tuax	נִיתּוּחַ (ז)
panser (vt)	laxboʃ	לַחְבּוֹשׁ
pansement (m)	xaviʃa	חֲבִישָׁה (נ)
vaccination (f)	xisun	חִיסּוּן (ז)
vacciner (vt)	lexasen	לְחַסֵּן
piqûre (f)	zrika	זְרִיקָה (נ)
faire une piqûre	lehazrik	לְהַזְרִיק
crise, attaque (f)	hetkef	הֶתְקֵף (ז)
amputation (f)	kti'a	קְטִיעָה (נ)
amputer (vt)	lik'to'a	לִקְטוֹעַ
coma (m)	tar'demet	תַּרְדֶּמֶת (נ)
être dans le coma	lihyot betar'demet	לִהְיוֹת בְּתַרְדֶּמֶת
réanimation (f)	tipul nimrats	טִיפּוּל נִמְרָץ (ז)
se rétablir (vp)	lehaxlim	לְהַחְלִים
état (m) (de santé)	matsav	מַצָּב (ז)
conscience (f)	hakara	הַכָּרָה (נ)
mémoire (f)	zikaron	זִיכָּרוֹן (ז)
arracher (une dent)	la'akor	לַעֲקוֹר

plombage (m)	stima	סְתִימָה (נ)
plomber (vt)	la'asot stima	לַעֲשׂוֹת סְתִימָה
hypnose (f)	hip'noza	הִיפְּנוֹזָה (נ)
hypnotiser (vt)	lehapnet	לְהַפְנֵט

51. Les médecins

médecin (m)	rofe	רוֹפֵא (ז)
infirmière (f)	axot	אָחוֹת (נ)
médecin (m) personnel	rofe iʃi	רוֹפֵא אִישִׁי (ז)
dentiste (m)	rofe ʃi'nayim	רוֹפֵא שִׁינַּיִים (ז)
ophtalmologiste (m)	rofe ei'nayim	רוֹפֵא עֵינַיִים (ז)
généraliste (m)	rofe pnimi	רוֹפֵא פְּנִימִי (ז)
chirurgien (m)	kirurg	כִּירוּרְג (ז)
psychiatre (m)	psixi''ater	פְּסִיכִיאָטֶר (ז)
pédiatre (m)	rofe yeladim	רוֹפֵא יְלָדִים (ז)
psychologue (m)	psixolog	פְּסִיכוֹלוֹג (ז)
gynécologue (m)	rofe naʃim	רוֹפֵא נָשִׁים (ז)
cardiologue (m)	kardyolog	קַרְדְיוֹלוֹג (ז)

52. Les médicaments. Les accessoires

médicament (m)	trufa	תְּרוּפָה (נ)
remède (m)	trufa	תְּרוּפָה (נ)
prescrire (vt)	lirʃom	לִרְשׁוֹם
ordonnance (f)	mirʃam	מִרְשָׁם (ז)
comprimé (m)	kadur	כַּדּוּר (ז)
onguent (m)	miʃxa	מִשְׁחָה (נ)
ampoule (f)	'ampula	אַמְפּוּלָה (נ)
mixture (f)	ta'a'rovet	תַּעֲרוֹבֶת (נ)
sirop (m)	sirop	סִירוֹפּ (ז)
pilule (f)	gluya	גְּלוּיָה (נ)
poudre (f)	avka	אַבְקָה (נ)
bande (f)	tax'boʃet 'gaza	תַּחְבּוֹשֶׁת גָאזָה (ז)
coton (m) (ouate)	'tsemer 'gefen	צֶמֶר גֶפֶן (ז)
iode (m)	yod	יוֹד (ז)
sparadrap (m)	'plaster	פְּלַסְטֶר (ז)
compte-gouttes (m)	taf'tefet	טַפְטֶפֶת (נ)
thermomètre (m)	madxom	מַדְחוֹם (ז)
seringue (f)	mazrek	מַזְרֵק (ז)
fauteuil (m) roulant	kise galgalim	כִּיסֵא גַלְגַּלִים (ז)
béquilles (f pl)	ka'bayim	קַבַּיִים (ז"ר)
anesthésique (m)	meʃakex ke'evim	מְשַׁכֵּךְ כְּאֵבִים (ז)
purgatif (m)	trufa meʃal'ʃelet	תְּרוּפָה מְשַׁלְשֶׁלֶת (נ)

alcool (m)	'kohal	כֹּהַל (ז)
herbe (f) médicinale	isvei marpe	עִשְׂבֵי מַרְפֵּא (ז"ר)
d'herbes (adj)	ʃel asavim	שֶׁל עֲשָׂבִים

L'HABITAT HUMAIN

La ville

53. La ville. La vie urbaine

ville (f)	ir	עִיר (נ)
capitale (f)	ir bira	עִיר בִּירָה (נ)
village (m)	kfar	כְּפָר (ז)
plan (m) de la ville	mapat ha'ir	מַפַּת הָעִיר (נ)
centre-ville (m)	merkaz ha'ir	מֶרְכַּז הָעִיר (ז)
banlieue (f)	parvar	פַּרְוָר (ז)
de banlieue (adj)	parvari	פַּרְוָרִי
périphérie (f)	parvar	פַּרְוָר (ז)
alentours (m pl)	svivot	סְבִיבוֹת (נ״ר)
quartier (m)	ʃxuna	שְׁכוּנָה (נ)
quartier (m) résidentiel	ʃxunat megurim	שְׁכוּנַת מְגוּרִים (נ)
trafic (m)	tnu'a	תְּנוּעָה (נ)
feux (m pl) de circulation	ramzor	רַמְזוֹר (ז)
transport (m) urbain	taxbura tsiburit	תַּחְבּוּרָה צִיבּוּרִית (נ)
carrefour (m)	'tsomet	צוֹמֶת (ז)
passage (m) piéton	ma'avar xatsaya	מַעֲבַר חֲצָיָה (ז)
passage (m) souterrain	ma'avar tat karka'i	מַעֲבָר תַּת-קַרְקָעִי (ז)
traverser (vt)	laxatsot	לַחֲצוֹת
piéton (m)	holex 'regel	הוֹלֵךְ רֶגֶל (ז)
trottoir (m)	midraxa	מִדְרָכָה (נ)
pont (m)	'geʃer	גֶּשֶׁר (ז)
quai (m)	ta'yelet	טַיֶּילֶת (נ)
fontaine (f)	mizraka	מִזְרָקָה (נ)
allée (f)	sdera	שְׂדֵרָה (נ)
parc (m)	park	פַּארְק (ז)
boulevard (m)	sdera	שְׂדֵרָה (נ)
place (f)	kikar	כִּיכָּר (נ)
avenue (f)	rexov raʃi	רְחוֹב רָאשִׁי (ז)
rue (f)	rexov	רְחוֹב (ז)
ruelle (f)	simta	סִמְטָה (נ)
impasse (f)	mavoi satum	מָבוֹי סָתוּם (ז)
maison (f)	'bayit	בַּיִת (ז)
édifice (m)	binyan	בִּנְיָן (ז)
gratte-ciel (m)	gored ʃxakim	גּוֹרֵד שְׁחָקִים (ז)
façade (f)	xazit	חֲזִית (נ)
toit (m)	gag	גַּג (ז)

fenêtre (f)	χalon	חַלוֹן (ז)
arc (m)	'keʃet	קֶשֶׁת (נ)
colonne (f)	amud	עַמּוּד (ז)
coin (m)	pina	פִּנָּה (נ)
vitrine (f)	χalon ra'ava	חַלוֹן רַאֲוָה (ז)
enseigne (f)	'ʃelet	שֶׁלֶט (ז)
affiche (f)	kraza	כְּרָזָה (נ)
affiche (f) publicitaire	'poster	פּוֹסְטֶר (ז)
panneau-réclame (m)	'luaχ pirsum	לוּחַ פִּרְסוּם (ז)
ordures (f pl)	'zevel	זֶבֶל (ז)
poubelle (f)	paχ aʃpa	פַּח אַשְׁפָּה (ז)
jeter à terre	lelaχleχ	לְלַכְלֵךְ
décharge (f)	mizbala	מִזְבָּלָה (נ)
cabine (f) téléphonique	ta 'telefon	תָּא טֶלֶפוֹן (ז)
réverbère (m)	amud panas	עַמּוּד פָּנָס (ז)
banc (m)	safsal	סַפְסָל (ז)
policier (m)	ʃoter	שׁוֹטֵר (ז)
police (f)	miʃtara	מִשְׁטָרָה (נ)
clochard (m)	kabtsan	קַבְּצָן (ז)
sans-abri (m)	χasar 'bayit	חֲסַר בַּיִת (ז)

54. Les institutions urbaines

magasin (m)	χanut	חֲנוּת (נ)
pharmacie (f)	beit mir'kaχat	בֵּית מִרְקַחַת (ז)
opticien (m)	χanut miʃka'fayim	חֲנוּת מִשְׁקָפַיִים (נ)
centre (m) commercial	kanyon	קַנְיוֹן (ז)
supermarché (m)	super'market	סוּפֶּרְמַרְקֶט (ז)
boulangerie (f)	ma'afiya	מַאֲפִיָּה (נ)
boulanger (m)	ofe	אוֹפֶה (ז)
pâtisserie (f)	χanut mamtakim	חֲנוּת מַמְתַּקִּים (נ)
épicerie (f)	ma'kolet	מַכֹּלֶת (נ)
boucherie (f)	itliz	אִטְלִיז (ז)
magasin (m) de légumes	χanut perot viyerakot	חֲנוּת פֵּירוֹת וְיַרָקוֹת (נ)
marché (m)	ʃuk	שׁוּק (ז)
salon (m) de café	beit kafe	בֵּית קָפֶה (ז)
restaurant (m)	mis'ada	מִסְעָדָה (נ)
brasserie (f)	pab	פָּאבּ (ז)
pizzeria (f)	pi'tseriya	פִּיצֶּרְיָה (נ)
salon (m) de coiffure	mispara	מִסְפָּרָה (נ)
poste (f)	'do'ar	דּוֹאַר (ז)
pressing (m)	nikui yaveʃ	נִיקּוּי יָבֵשׁ (ז)
atelier (m) de photo	'studyo letsilum	סְטוּדְיוֹ לְצִילּוּם (ז)
magasin (m) de chaussures	χanut na'a'layim	חֲנוּת נַעֲלַיִים (נ)
librairie (f)	χanut sfarim	חֲנוּת סְפָרִים (נ)

magasin (m) d'articles de sport	χanut sport	חֲנוּת סְפּוֹרט (נ)
atelier (m) de retouche	χanut tikun bgadim	חֲנוּת תִיקוּן בְּגָדִים (נ)
location (f) de vêtements	χanut haskarat bgadim	חֲנוּת הַשְׂכָּרַת בְּגָדִים (נ)
location (f) de films	χanut haʃ'alat sratim	חֲנוּת הַשְׁאָלַת סְרָטִים (נ)
cirque (m)	kirkas	קִרקָס (ז)
zoo (m)	gan hayot	גַן חַיוֹת (ז)
cinéma (m)	kol'no'a	קוֹלנוֹעַ (ז)
musée (m)	muze'on	מוּזֵיאוֹן (ז)
bibliothèque (f)	sifriya	סִפרִייָה (נ)
théâtre (m)	te'atron	תֵיאַטרוֹן (ז)
opéra (m)	beit 'opera	בֵּית אוֹפֵּרָה (ז)
boîte (f) de nuit	mo'adon 'laila	מוֹעֲדוֹן לַילָה (ז)
casino (m)	ka'zino	קָזִינוֹ (ז)
mosquée (f)	misgad	מִסגָד (ז)
synagogue (f)	beit 'kneset	בֵּית כּנֶסֶת (ז)
cathédrale (f)	kated'rala	קָתֶדרָלָה (נ)
temple (m)	mikdaʃ	מִקדָש (ז)
église (f)	knesiya	כּנֵסִייָה (נ)
institut (m)	miχlala	מִכלָלָה (נ)
université (f)	uni'versita	אוּנִיבֶרסִיטָה (נ)
école (f)	beit 'sefer	בֵּית סֵפֶר (ז)
préfecture (f)	maχoz	מָחוֹז (ז)
mairie (f)	iriya	עִירִייָה (נ)
hôtel (m)	beit malon	בֵּית מָלוֹן (ז)
banque (f)	bank	בַּנק (ז)
ambassade (f)	ʃagrirut	שַׁגרִירוּת (נ)
agence (f) de voyages	soχnut nesi'ot	סוֹכנוּת נְסִיעוֹת (נ)
bureau (m) d'information	modi'in	מוֹדִיעִין (ז)
bureau (m) de change	misrad hamarat mat'be'a	מִשׂרָד הֲמָרַת מַטבֵּעַ (ז)
métro (m)	ra'kevet taχtit	רַכֶּבֶת תַחתִית (נ)
hôpital (m)	beit χolim	בֵּית חוֹלִים (ז)
station-service (f)	taχanat 'delek	תַחֲנַת דֶלֶק (נ)
parking (m)	migraʃ χanaya	מִגרָשׁ חֲנָיָה (ז)

55. Les enseignes. Les panneaux

enseigne (f)	'ʃelet	שֶׁלֶט (ז)
pancarte (f)	moda'a	מוֹדָעָה (נ)
poster (m)	'poster	פּוֹסטֶר (ז)
indicateur (m) de direction	tamrur	תַמרוּר (ז)
flèche (f)	χets	חֵץ (ז)
avertissement (m)	azhara	אַזהָרָה (נ)
panneau d'avertissement	'ʃelet azhara	שֶׁלֶט אַזהָרָה (ז)
avertir (vt)	lehazhir	לְהַזהִיר
jour (m) de repos	yom 'χofeʃ	יוֹם חוֹפֶשׁ (ז)

horaire (m)	'luax zmanim	לוּחַ זְמַנִּים (ז)
heures (f pl) d'ouverture	ʃa'ot avoda	שְׁעוֹת עֲבוֹדָה (נ״ר)
BIENVENUE!	bruxim haba'im!	בְּרוּכִים הַבָּאִים!
ENTRÉE	knisa	כְּנִיסָה
SORTIE	yetsi'a	יְצִיאָה
POUSSER	dxof	דְּחוֹף
TIRER	mʃox	מְשׁוֹךְ
OUVERT	pa'tuax	פָּתוּחַ
FERMÉ	sagur	סָגוּר
FEMMES	lenaʃim	לְנָשִׁים
HOMMES	legvarim	לִגְבָרִים
RABAIS	hanaxot	הֲנָחוֹת
SOLDES	mivtsa	מִבְצָע
NOUVEAU!	xadaʃ!	חָדָשׁ!
GRATUIT	xinam	חִינָּם
ATTENTION!	sim lev!	שִׂים לֵב!
COMPLET	ein makom panui	אֵין מָקוֹם פָּנוּי
RÉSERVÉ	ʃamur	שָׁמוּר
ADMINISTRATION	hanhala	הַנְהָלָה
RÉSERVÉ AU PERSONNEL	le'ovdim bilvad	לְעוֹבְדִים בִּלְבַד
ATTENTION CHIEN MÉCHANT	zehirut 'kelev noʃex!	זְהִירוּת, כֶּלֶב נוֹשֵׁךְ!
DÉFENSE DE FUMER	asur le'aʃen!	אָסוּר לְעַשֵּׁן!
PRIÈRE DE NE PAS TOUCHER	lo lagaat!	לֹא לָגַעַת!
DANGEREUX	mesukan	מְסוּכָּן
DANGER	sakana	סַכָּנָה
HAUTE TENSION	'metax ga'voha	מֶתַח גָּבוֹהַּ
BAIGNADE INTERDITE	haraxatsa asura!	הַרְחָצָה אֲסוּרָה!
HORS SERVICE	lo oved	לֹא עוֹבֵד
INFLAMMABLE	dalik	דָּלִיק
INTERDIT	asur	אָסוּר
PASSAGE INTERDIT	asur la'avor	אָסוּר לַעֲבוֹר
PEINTURE FRAÎCHE	'tseva lax	צֶבַע לַח

56. Les transports en commun

autobus (m)	'otobus	אוֹטוֹבּוּס (ז)
tramway (m)	ra'kevet kala	רַכֶּבֶת קַלָּה (נ)
trolleybus (m)	tro'leibus	טְרוֹלֵיבּוּס (ז)
itinéraire (m)	maslul	מַסְלוּל (ז)
numéro (m)	mispar	מִסְפָּר (ז)
prendre ...	lin'so'a be...	לִנְסוֹעַ בְּ...
monter (dans l'autobus)	la'alot	לַעֲלוֹת

descendre de …	la'redet mi…	לָרֶדֶת מִ...
arrêt (m)	taxana	תַחֲנָה (נ)
arrêt (m) prochain	hataxana haba'a	הַתַחֲנָה הַבָּאָה (נ)
terminus (m)	hataxana ha'axrona	הַתַחֲנָה הָאַחֲרוֹנָה (נ)
horaire (m)	'luax zmanim	לוּחַ זְמַנִים (ז)
attendre (vt)	lehamtin	לְהַמְתִין
ticket (m)	kartis	כַּרְטִיס (ז)
prix (m) du ticket	mexir hanesiya	מְחִיר הַנְסִיעָה (ז)
caissier (m)	kupai	קוּפַּאי (ז)
contrôle (m) des tickets	bi'koret kartisim	בִּיקוֹרֶת כַּרְטִיסִים (נ)
contrôleur (m)	mevaker	מְבַקֵר (ז)
être en retard	le'axer	לְאַחֵר
rater (~ le train)	lefasfes	לְפַסְפֵס
se dépêcher	lemaher	לְמַהֵר
taxi (m)	monit	מוֹנִית (נ)
chauffeur (m) de taxi	nahag monit	נַהַג מוֹנִית (ז)
en taxi	bemonit	בְּמוֹנִית
arrêt (m) de taxi	taxanat moniyot	תַחֲנַת מוֹנִיוֹת (נ)
appeler un taxi	lehazmin monit	לְהַזְמִין מוֹנִית
prendre un taxi	la'kaxat monit	לָקַחַת מוֹנִית
trafic (m)	tnu'a	תְנוּעָה (נ)
embouteillage (m)	pkak	פְקָק (ז)
heures (f pl) de pointe	ʃa'ot 'omes	שְעוֹת עוֹמֶס (נ"ר)
se garer (vp)	laxanot	לַחֲנוֹת
garer (vt)	lehaxnot	לְהַחְנוֹת
parking (m)	xanaya	חֲנָיָה (נ)
métro (m)	ra'kevet taxtit	רַכֶּבֶת תַחְתִית (נ)
station (f)	taxana	תַחֲנָה (נ)
prendre le métro	lin'so'a betaxtit	לִנְסוֹעַ בְּתַחְתִית
train (m)	ra'kevet	רַכֶּבֶת (נ)
gare (f)	taxanat ra'kevet	תַחֲנַת רַכֶּבֶת (נ)

57. Le tourisme

monument (m)	an'darta	אַנְדַרְטָה (נ)
forteresse (f)	mivtsar	מִבְצָר (ז)
palais (m)	armon	אַרְמוֹן (ז)
château (m)	tira	טִירָה (נ)
tour (f)	migdal	מִגְדָל (ז)
mausolée (m)	ma'uzo'le'um	מָאוּזוֹלֵיאוּם (ז)
architecture (f)	adrixalut	אַדְרִיכָלוּת (נ)
médiéval (adj)	benaimi	בֵּינַיימִי
ancien (adj)	atik	עַתִיק
national (adj)	le'umi	לְאוּמִי
connu (adj)	mefursam	מְפוּרְסָם
touriste (m)	tayar	תַיָיר (ז)
guide (m) (personne)	madrix tiyulim	מַדְרִיךְ טִיוּלִים (ז)

excursion (f)	tiyul	טִיּוּל (ז)
montrer (vt)	lehar'ot	לְהַרְאוֹת
raconter (une histoire)	lesaper	לְסַפֵּר
trouver (vt)	limtso	לִמְצוֹא
se perdre (vp)	la'leχet le'ibud	לָלֶכֶת לְאִיבּוּד
plan (m) (du metro, etc.)	mapa	מַפָּה (נ)
carte (f) (de la ville, etc.)	tarʃim	תַּרְשִׁים (ז)
souvenir (m)	maz'keret	מַזְכֶּרֶת (נ)
boutique (f) de souvenirs	χanut matanot	חֲנוּת מַתָּנוֹת (נ)
prendre en photo	letsalem	לְצַלֵּם
se faire prendre en photo	lehitstalem	לְהִצְטַלֵּם

58. Le shopping

acheter (vt)	liknot	לִקְנוֹת
achat (m)	kniya	קְנִיָּה (נ)
faire des achats	la'leχet lekniyot	לָלֶכֶת לִקְנִיּוֹת
shopping (m)	ariχat kniyot	עֲרִיכַת קְנִיּוֹת (נ)
être ouvert	pa'tuaχ	פָּתוּחַ
être fermé	sagur	סָגוּר
chaussures (f pl)	na'a'layim	נַעֲלַיִים (נ"ר)
vêtement (m)	bgadim	בְּגָדִים (ז"ר)
produits (m pl) de beauté	tamrukim	תַּמְרוּקִים (ז"ר)
produits (m pl) alimentaires	mutsrei mazon	מוּצְרֵי מָזוֹן (ז"ר)
cadeau (m)	matana	מַתָּנָה (נ)
vendeur (m)	moχer	מוֹכֵר (ז)
vendeuse (f)	mo'χeret	מוֹכֶרֶת (נ)
caisse (f)	kupa	קוּפָּה (נ)
miroir (m)	mar'a	מַרְאָה (נ)
comptoir (m)	duχan	דּוּכָן (ז)
cabine (f) d'essayage	'χeder halbaʃa	חֲדַר הַלְבָּשָׁה (ז)
essayer (robe, etc.)	limdod	לִמְדוֹד
aller bien (robe, etc.)	lehat'im	לְהַתְאִים
plaire (être apprécié)	limtso χen be'ei'nayim	לִמְצוֹא חֵן בְּעֵינַיִים
prix (m)	meχir	מְחִיר (ז)
étiquette (f) de prix	tag meχir	תָּג מְחִיר (ז)
coûter (vt)	la'alot	לַעֲלוֹת
Combien?	'kama?	כַּמָּה?
rabais (m)	hanaχa	הֲנָחָה (נ)
pas cher (adj)	lo yakar	לֹא יָקָר
bon marché (adj)	zol	זוֹל
cher (adj)	yakar	יָקָר
C'est cher	ze yakar	זֶה יָקָר
location (f)	haskara	הַשְׂכָּרָה (נ)
louer (une voiture, etc.)	liskor	לִשְׂכּוֹר

crédit (m)	aʃrai	אַשְׁרַאי (ז)
à crédit (adv)	be'aʃrai	בְּאַשְׁרַאי

59. L'argent

argent (m)	'kesef	כֶּסֶף (ז)
échange (m)	hamara	הֲמָרָה (נ)
cours (m) de change	ʃa'ar χalifin	שַׁעַר חֲלִיפִין (ז)
distributeur (m)	kaspomat	כַּסְפּוֹמָט (ז)
monnaie (f)	mat'be‘a	מַטְבֵּעַ (ז)
dollar (m)	'dolar	דּוֹלָר (ז)
euro (m)	'eiro	אֵירוֹ (ז)
lire (f)	'lira	לִירָה (נ)
mark (m) allemand	mark germani	מַרק גֶּרְמָנִי (ז)
franc (m)	frank	פְרַנק (ז)
livre sterling (f)	'lira 'sterling	לִירָה שְׁטֶרְלִינג (נ)
yen (m)	yen	יֶן (ז)
dette (f)	χov	חוֹב (ז)
débiteur (m)	'ba‘al χov	בַּעַל חוֹב (ז)
prêter (vt)	lehalvot	לְהַלווֹת
emprunter (vt)	lilvot	לִלווֹת
banque (f)	bank	בַּנק (ז)
compte (m)	χeʃbon	חֶשְׁבּוֹן (ז)
verser (dans le compte)	lehafkid	לְהַפְקִיד
verser dans le compte	lehafkid leχeʃbon	לְהַפְקִיד לְחָשְׁבּוֹן
retirer du compte	limʃoχ meχeʃbon	לִמְשׁוֹך מֵחָשְׁבּוֹן
carte (f) de crédit	kartis aʃrai	כַּרְטִיס אַשְׁרַאי (ז)
espèces (f pl)	mezuman	מְזוּמָן
chèque (m)	tʃek	צֶ'ק (ז)
faire un chèque	liχtov tʃek	לִכְתּוֹב צֶ'ק
chéquier (m)	pinkas 'tʃekim	פִּנְקָס צֶ'קִים (ז)
portefeuille (m)	arnak	אַרְנָק (ז)
bourse (f)	arnak lematbe''ot	אַרְנָק לַמַטְבְּעוֹת (ז)
coffre fort (m)	ka'sefet	כַּסֶפֶת (נ)
héritier (m)	yoreʃ	יוֹרֵשׁ (ז)
héritage (m)	yeruʃa	יְרוּשָׁה (נ)
fortune (f)	'oʃer	עוֹשֶׁר (ז)
location (f)	χoze sχirut	חוֹזֶה שְׂכִירוּת (ז)
loyer (m) (argent)	sχar dira	שְׂכַר דִּירָה (ז)
louer (prendre en location)	liskor	לִשְׂכּוֹר
prix (m)	meχir	מְחִיר (ז)
coût (m)	alut	עָלוּת (נ)
somme (f)	sχum	סְכוּם (ז)
dépenser (vt)	lehotsi	לְהוֹצִיא
dépenses (f pl)	hotsa'ot	הוֹצָאוֹת (נ"ר)

économiser (vt)	laxasox	לַחְסוֹךְ
économe (adj)	xesxoni	חִסְכוֹנִי
payer (régler)	leʃalem	לְשַׁלֵם
paiement (m)	taʃlum	תַשְׁלוּם (ז)
monnaie (f) (rendre la ~)	'odef	עוֹדֶף (ז)
impôt (m)	mas	מַס (ז)
amende (f)	knas	קְנָס (ז)
mettre une amende	liknos	לִקְנוֹס

60. La poste. Les services postaux

poste (f)	'do'ar	דוֹאַר (ז)
courrier (m) (lettres, etc.)	'do'ar	דוֹאַר (ז)
facteur (m)	davar	דַוָור (ז)
heures (f pl) d'ouverture	ʃa'ot avoda	שְׁעוֹת עֲבוֹדָה (נ״ר)
lettre (f)	mixtav	מִכְתָב (ז)
recommandé (m)	mixtav raʃum	מִכְתָב רָשׁוּם (ז)
carte (f) postale	gluya	גְלוּיָה (נ)
télégramme (m)	mivrak	מִבְרָק (ז)
colis (m)	xavila	חֲבִילָה (נ)
mandat (m) postal	ha'avarat ksafim	הַעֲבָרַת כְּסָפִים (נ)
recevoir (vt)	lekabel	לְקַבֵּל
envoyer (vt)	liʃ'loax	לִשְׁלוֹחַ
envoi (m)	ʃlixa	שְׁלִיחָה (נ)
adresse (f)	'ktovet	כְּתוֹבֶת (נ)
code (m) postal	mikud	מִיקוּד (ז)
expéditeur (m)	ʃo'leax	שׁוֹלֵחַ (ז)
destinataire (m)	nim'an	נִמְעָן (ז)
prénom (m)	ʃem prati	שֵׁם פְּרָטִי (ז)
nom (m) de famille	ʃem miʃpaxa	שֵׁם מִשְׁפָּחָה (ז)
tarif (m)	ta'arif	תַעֲרִיף (ז)
normal (adj)	ragil	רָגִיל
économique (adj)	xesxoni	חִסְכוֹנִי
poids (m)	miʃkal	מִשְׁקָל (ז)
peser (~ les lettres)	liʃkol	לִשְׁקוֹל
enveloppe (f)	ma'atafa	מַעֲטָפָה (נ)
timbre (m)	bul 'do'ar	בּוּל דוֹאַר (ז)
timbrer (vt)	lehadbik bul	לְהַדְבִּיק בּוּל

Le logement. La maison. Le foyer

61. La maison. L'électricité

électricité (f)	χaʃmal	חַשְׁמַל (ז)
ampoule (f)	nura	נוּרָה (נ)
interrupteur (m)	'meteg	מֶתֶג (ז)
plomb, fusible (m)	natiχ	נָתִיךְ (ז)
fil (m) (~ électrique)	χut	חוּט (ז)
installation (f) électrique	χivut	חִיווּט (ז)
compteur (m) électrique	mone χaʃmal	מוֹנֶה חַשְׁמַל (ז)
relevé (m)	kri'a	קְרִיאָה (נ)

62. La villa et le manoir

maison (f) de campagne	'bayit bakfar	בַּיִת בַּכְּפָר (ז)
villa (f)	'vila	וִילָה (נ)
aile (f) (~ ouest)	agaf	אָגַף (ז)
jardin (m)	gan	גַן (ז)
parc (m)	park	פַּארְק (ז)
serre (f) tropicale	χamama	חֲמָמָה (נ)
s'occuper (~ du jardin)	legadel	לְגַדֵל
piscine (f)	breχat sχiya	בְּרֵיכַת שְׂחִייָה (נ)
salle (f) de gym	'χeder 'koʃer	חֶדֶר כּוֹשֶׁר (ז)
court (m) de tennis	migraʃ 'tenis	מִגְרַשׁ טֶנִיס (ז)
salle (f) de cinéma	'χeder hakrana beiti	חֶדֶר הַקְרָנָה בֵּיתִי (ז)
garage (m)	musaχ	מוּסָךְ (ז)
propriété (f) privée	reχuʃ prati	רְכוּשׁ פְּרָטִי (ז)
terrain (m) privé	ʃetaχ prati	שֶׁטַח פְּרָטִי (ז)
avertissement (m)	azhara	אַזְהָרָה (נ)
panneau d'avertissement	ʃelet azhara	שֶׁלֶט אַזְהָרָה (ז)
sécurité (f)	avtaχa	אַבְטָחָה (נ)
agent (m) de sécurité	ʃomer	שׁוֹמֵר (ז)
alarme (f) antivol	ma'a'reχet az'aka	מַעֲרֶכֶת אַזְעָקָה (נ)

63. L'appartement

appartement (m)	dira	דִירָה (נ)
chambre (f)	'χeder	חָדָר (ז)
chambre (f) à coucher	χadar ʃena	חֲדַר שֵׁינָה (ז)

salle (f) à manger	pinat 'oxel	פִּינַת אוֹכֶל (נ)
salon (m)	salon	סָלוֹן (ז)
bureau (m)	xadar avoda	חֲדַר עֲבוֹדָה (ז)
antichambre (f)	prozdor	פְּרוֹזדוֹר (ז)
salle (f) de bains	xadar am'batya	חֲדַר אַמבַּטיָה (ז)
toilettes (f pl)	ʃerutim	שֵׁירוּתִים (ז"ר)
plafond (m)	tikra	תִקרָה (נ)
plancher (m)	ritspa	רִצפָּה (נ)
coin (m)	pina	פִּינָה (נ)

64. Les meubles. L'intérieur

meubles (m pl)	rehitim	רָהִיטִים (ז"ר)
table (f)	ʃulxan	שׁוּלחָן (ז)
chaise (f)	kise	כִּסֵא (ז)
lit (m)	mita	מִיטָה (נ)
canapé (m)	sapa	סַפָּה (נ)
fauteuil (m)	kursa	כּוּרסָה (נ)
bibliothèque (f) (meuble)	aron sfarim	אָרוֹן סְפָרִים (ז)
rayon (m)	madaf	מַדָף (ז)
armoire (f)	aron bgadim	אָרוֹן בְּגָדִים (ז)
patère (f)	mitle	מִתלֶה (ז)
portemanteau (m)	mitle	מִתלֶה (ז)
commode (f)	ʃida	שִׁידָה (נ)
table (f) basse	ʃulxan itonim	שׁוּלחַן עִיתוֹנִים (ז)
miroir (m)	mar'a	מַראָה (נ)
tapis (m)	ʃa'tiax	שָׁטִיחַ (ז)
petit tapis (m)	ʃa'tiax	שָׁטִיחַ (ז)
cheminée (f)	ax	אָח (נ)
bougie (f)	ner	נֵר (ז)
chandelier (m)	pamot	פָּמוֹט (ז)
rideaux (m pl)	vilonot	וִילוֹנוֹת (ז"ר)
papier (m) peint	tapet	טַפֶּט (ז)
jalousie (f)	trisim	תרִיסִים (ז"ר)
lampe (f) de table	menorat ʃulxan	מְנוֹרַת שׁוּלחָן (נ)
applique (f)	menorat kir	מְנוֹרַת קִיר (נ)
lampadaire (m)	menora o'medet	מְנוֹרָה עוֹמֶדֶת (נ)
lustre (m)	niv'reʃet	נִברֶשֶׁת (נ)
pied (m) (~ de la table)	'regel	רֶגֶל (נ)
accoudoir (m)	miʃ'enet yad	מִשׁעֶנֶת יָד (נ)
dossier (m)	miʃ'enet	מִשׁעֶנֶת (נ)
tiroir (m)	megera	מְגֵירָה (נ)

65. La literie

linge (m) de lit	matsa'im	מַצָעִים (ז״ר)
oreiller (m)	karit	כָּרִית (נ)
taie (f) d'oreiller	tsipit	צִיפִית (נ)
couverture (f)	smixa	שְׂמִיכָה (נ)
drap (m)	sadin	סָדִין (ז)
couvre-lit (m)	kisui mita	כִּיסוּי מִיטָה (ז)

66. La cuisine

cuisine (f)	mitbax	מִטבָּח (ז)
gaz (m)	gaz	גָז (ז)
cuisinière (f) à gaz	tanur gaz	תַנוּר גָז (ז)
cuisinière (f) électrique	tanur xaʃmali	תַנוּר חַשמַלִי (ז)
four (m)	tanur afiya	תַנוּר אָפִייָה (ז)
four (m) micro-ondes	mikrogal	מִיקרוֹגַל (ז)
réfrigérateur (m)	mekarer	מְקָרֵר (ז)
congélateur (m)	makpi	מַקפִּיא (ז)
lave-vaisselle (m)	me'diax kelim	מֵדִיחַ כֵּלִים (ז)
hachoir (m) à viande	matxenat basar	מַטחֲנַת בָּשָׂר (נ)
centrifugeuse (f)	masxeta	מַסחֵטָה (נ)
grille-pain (m)	'toster	טוֹסטֶר (ז)
batteur (m)	'mikser	מִיקסֶר (ז)
machine (f) à café	mexonat kafe	מְכוֹנַת קָפֶה (נ)
cafetière (f)	findʒan	פִינגְ׳אָן (ז)
moulin (m) à café	matxenat kafe	מַטחֲנַת קָפֶה (נ)
bouilloire (f)	kumkum	קוּמקוּם (ז)
théière (f)	kumkum	קוּמקוּם (ז)
couvercle (m)	mixse	מִכסֶה (ז)
passoire (f) à thé	mis'nenet te	מְסַנֶנֶת תָה (נ)
cuillère (f)	kaf	כַּף (נ)
petite cuillère (f)	kapit	כַּפִּית (נ)
cuillère (f) à soupe	kaf	כַּף (נ)
fourchette (f)	mazleg	מַזלֵג (ז)
couteau (m)	sakin	סַכִּין (ז, נ)
vaisselle (f)	kelim	כֵּלִים (ז״ר)
assiette (f)	tsa'laxat	צַלַחַת (נ)
soucoupe (f)	taxtit	תַחתִית (נ)
verre (m) à shot	kosit	כּוֹסִית (נ)
verre (m) (~ d'eau)	kos	כּוֹס (נ)
tasse (f)	'sefel	סֵפֶל (ז)
sucrier (m)	mis'keret	מִסכֶּרֶת (נ)
salière (f)	milxiya	מִלחִייָה (נ)
poivrière (f)	pilpeliya	פִּלפְּלִייָה (נ)

beurrier (m)	maxame'a	מַחְמָאָה (נ)
casserole (f)	sir	סִיר (ז)
poêle (f)	maxvat	מַחֲבַת (נ)
louche (f)	tarvad	תַּרְוָד (ז)
passoire (f)	mis'nenet	מִסְנֶנֶת (נ)
plateau (m)	magaʃ	מַגָּשׁ (ז)
bouteille (f)	bakbuk	בַּקְבּוּק (ז)
bocal (m) (à conserves)	tsin'tsenet	צִנְצֶנֶת (נ)
boîte (f) en fer-blanc	paxit	פַּחִית (נ)
ouvre-bouteille (m)	potxan bakbukim	פּוֹתְחָן בַּקְבּוּקִים (ז)
ouvre-boîte (m)	potxan kufsa'ot	פּוֹתְחָן קוּפְסָאוֹת (ז)
tire-bouchon (m)	maxlets	מַחֲלֵץ (ז)
filtre (m)	'filter	פִילְטֶר (ז)
filtrer (vt)	lesanen	לְסַנֵּן
ordures (f pl)	'zevel	זֶבֶל (ז)
poubelle (f)	pax 'zevel	פַּח זֶבֶל (ז)

67. La salle de bains

salle (f) de bains	xadar am'batya	חֲדַר אַמְבַּטְיָה (ז)
eau (f)	'mayim	מַיִם (ז"ר)
robinet (m)	'berez	בֶּרֶז (ז)
eau (f) chaude	'mayim xamim	מַיִם חַמִּים (ז"ר)
eau (f) froide	'mayim karim	מַיִם קָרִים (ז"ר)
dentifrice (m)	miʃxat ʃi'nayim	מִשְׁחַת שִׁינַּיִים (נ)
se brosser les dents	letsax'tseax ʃi'nayim	לְצַחְצֵחַ שִׁינַּיִים
brosse (f) à dents	miv'reʃet ʃi'nayim	מִבְרֶשֶׁת שִׁינַּיִים (נ)
se raser (vp)	lehitga'leax	לְהִתְגַּלֵּחַ
mousse (f) à raser	'ketsef gi'luax	קֶצֶף גִּילּוּחַ (ז)
rasoir (m)	'ta'ar	תַּעַר (ז)
laver (vt)	liʃtof	לִשְׁטוֹף
se laver (vp)	lehitraxets	לְהִתְרַחֵץ
douche (f)	mik'laxat	מִקְלַחַת (נ)
prendre une douche	lehitka'leax	לְהִתְקַלֵּחַ
baignoire (f)	am'batya	אַמְבַּטְיָה (נ)
cuvette (f)	asla	אַסְלָה (נ)
lavabo (m)	kiyor	כִּיּוֹר (ז)
savon (m)	sabon	סַבּוֹן (ז)
porte-savon (m)	saboniya	סַבּוֹנִיָּה (נ)
éponge (f)	sfog 'lifa	סְפוֹג לִיפָה (ז)
shampooing (m)	ʃampu	שַׁמְפּוּ (ז)
serviette (f)	ma'gevet	מַגֶּבֶת (נ)
peignoir (m) de bain	xaluk raxatsa	חָלוּק רַחְצָה (ז)
lessive (f) (faire la ~)	kvisa	כְּבִיסָה (נ)
machine (f) à laver	mexonat kvisa	מְכוֹנַת כְּבִיסָה (נ)

faire la lessive	lexabes	לְכַבֵּס
lessive (f) (poudre)	avkat kvisa	אַבְקַת כְּבִיסָה (נ)

68. Les appareils électroménagers

téléviseur (m)	tele'vizya	טֶלֶוִויזְיָה (נ)
magnétophone (m)	teip	טֵייפּ (ז)
magnétoscope (m)	maxʃir 'vide'o	מַכְשִׁיר וִידָאוֹ (ז)
radio (f)	'radyo	רָדִיוֹ (ז)
lecteur (m)	nagan	נַגָּן (ז)
vidéoprojecteur (m)	makren	מַקְרֵן (ז)
home cinéma (m)	kol'no'a beiti	קוֹלְנוֹעַ בֵּיתִי (ז)
lecteur DVD (m)	nagan dividi	נַגָּן DVD (ז)
amplificateur (m)	magber	מַגְבֵּר (ז)
console (f) de jeux	maxʃir plei'steiʃen	מַכְשִׁיר פְּלֵייסְטֵיישֶׁן (ז)
caméscope (m)	matslemat 'vide'o	מַצְלֵמַת וִידָאוֹ (נ)
appareil (m) photo	matslema	מַצְלֵמָה (נ)
appareil (m) photo numérique	matslema digi'talit	מַצְלֵמָה דִיגִיטָלִית (נ)
aspirateur (m)	ʃo'ev avak	שׁוֹאֵב אָבָק (ז)
fer (m) à repasser	maghets	מַגְהֵץ (ז)
planche (f) à repasser	'kereʃ gihuts	קֶרֶשׁ גִּיהוּץ (ז)
téléphone (m)	'telefon	טֶלֶפוֹן (ז)
portable (m)	'telefon nayad	טֶלֶפוֹן נַיָּיד (ז)
machine (f) à écrire	mexonat ktiva	מְכוֹנַת כְּתִיבָה (נ)
machine (f) à coudre	mexonat tfira	מְכוֹנַת תְּפִירָה (נ)
micro (m)	mikrofon	מִיקְרוֹפוֹן (ז)
écouteurs (m pl)	ozniyot	אוֹזְנִיּוֹת (נ״ר)
télécommande (f)	'ʃelet	שֶׁלֶט (ז)
CD (m)	taklitor	תַּקְלִיטוֹר (ז)
cassette (f)	ka'letet	קַלֶּטֶת (נ)
disque (m) (vinyle)	taklit	תַּקְלִיט (ז)

LES ACTIVITÉS HUMAINS

Le travail. Les affaires. Partie 1

69. Le bureau. La vie de bureau

bureau (m) (établissement)	misrad	מִשְׂרָד (ז)
bureau (m) (au travail)	misrad	מִשְׂרָד (ז)
accueil (m)	kabala	קַבָּלָה (נ)
secrétaire (m)	mazkir	מַזְכִּיר (ז)
secrétaire (f)	mazkira	מַזְכִּירָה (נ)
directeur (m)	menahel	מְנַהֵל (ז)
manager (m)	menahel	מְנַהֵל (ז)
comptable (m)	menahel xeʃbonot	מְנַהֵל חָשְׁבּוֹנוֹת (ז)
collaborateur (m)	oved	עוֹבֵד (ז)
meubles (m pl)	rehitim	רָהִיטִים (ז״ר)
bureau (m)	ʃulxan	שׁוּלְחָן (ז)
fauteuil (m)	kursa	כּוּרְסָה (נ)
classeur (m) à tiroirs	ʃidat megerot	שִׁידַת מְגֵירוֹת (נ)
portemanteau (m)	mitle	מִתְלֶה (ז)
ordinateur (m)	maxʃev	מַחְשֵׁב (ז)
imprimante (f)	mad'peset	מַדְפֶּסֶת (נ)
fax (m)	faks	פַקְס (ז)
copieuse (f)	mexonat tsilum	מְכוֹנַת צִילוּם (נ)
papier (m)	neyar	נְיָיר (ז)
papeterie (f)	tsiyud misradi	צִיוּד מִשְׂרָדִי (ז)
tapis (m) de souris	ʃa'tiax le'axbar	שָׁטִיחַ לְעַכְבָּר (ז)
feuille (f)	daf	דַף (ז)
classeur (m)	klaser	קְלַסֵר (ז)
catalogue (m)	katalog	קָטָלוֹג (ז)
annuaire (m)	madrix 'telefon	מַדְרִיךְ טֶלֶפוֹן (ז)
documents (m pl)	ti'ud	תִּיעוּד (ז)
brochure (f)	xo'veret	חוֹבֶרֶת (נ)
prospectus (m)	alon	עָלוֹן (ז)
échantillon (m)	dugma	דוּגְמָה (נ)
formation (f)	yeʃivat hadraxa	יְשִׁיבַת הַדְרָכָה (נ)
réunion (f)	yeʃiva	יְשִׁיבָה (נ)
pause (f) déjeuner	hafsakat tsaha'rayim	הַפְסָקַת צָהֳרַיִים (נ)
faire une copie	letsalem mismax	לְצַלֵם מִסְמָך
faire des copies	lehaxin mispar otakim	לְהָכִין מִסְפַּר עוֹתָקִים
recevoir un fax	lekabel faks	לְקַבֵּל פַקְס
envoyer un fax	liʃ'loax faks	לִשְׁלוֹחַ פַקְס

téléphoner, appeler	lehitkaʃer	לְהִתְקַשֵׁר
répondre (vi, vt)	la'anot	לַעֲנוֹת
passer (au téléphone)	lekaʃer	לְקַשֵׁר
fixer (rendez-vous)	lik'bo'a pgiʃa	לִקְבּוֹעַ פְּגִישָׁה
montrer (un échantillon)	lehadgim	לְהַדְגִים
être absent	lehe'ader	לְהֵיעָדֵר
absence (f)	he'adrut	הֵיעָדְרוּת (נ)

70. Les processus d'affaires. Partie 1

affaire (f) (business)	'esek	עֵסֶק (ז)
métier (m)	isuk	עִיסוּק (ז)
firme (f), société (f)	xevra	חֶבְרָה (נ)
compagnie (f)	xevra	חֶבְרָה (נ)
corporation (f)	ta'agid	תַּאֲגִיד (ז)
entreprise (f)	'esek	עֵסֶק (ז)
agence (f)	soxnut	סוֹכְנוּת (נ)
accord (m)	heskem	הֶסְכֵּם (ז)
contrat (m)	xoze	חוֹזֶה (ז)
marché (m) (accord)	iska	עִסְקָה (נ)
commande (f)	hazmana	הַזְמָנָה (נ)
terme (m) (~ du contrat)	tnai	תְּנַאי (ז)
en gros (adv)	besitonut	בְּסִיטוֹנוּת
en gros (adj)	sitona'i	סִיטוֹנָאִי
vente (f) en gros	sitonut	סִיטוֹנוּת (נ)
au détail (adj)	kim'oni	קִמְעוֹנִי
vente (f) au détail	kim'onut	קִמְעוֹנוּת (נ)
concurrent (m)	mitxare	מִתְחָרֶה (ז)
concurrence (f)	taxarut	תַּחֲרוּת (נ)
concurrencer (vt)	lehitxarot	לְהִתְחָרוֹת
associé (m)	ʃutaf	שׁוּתָף (ז)
partenariat (m)	ʃutafa	שׁוּתָפוּת (נ)
crise (f)	maʃber	מַשְׁבֵּר (ז)
faillite (f)	pʃitat 'regel	פְּשִׁיטַת רֶגֶל (נ)
faire faillite	liʃfot 'regel	לִפְשׁוֹט רֶגֶל
difficulté (f)	'koʃi	קוֹשִׁי (ז)
problème (m)	be'aya	בְּעָיָה (נ)
catastrophe (f)	ason	אָסוֹן (ז)
économie (f)	kalkala	כַּלְכָּלָה (נ)
économique (adj)	kalkali	כַּלְכָּלִי
baisse (f) économique	mitun kalkali	מִיתוּן כַּלְכָּלִי (ז)
but (m)	matara	מַטָרָה (נ)
objectif (m)	mesima	מְשִׂימָה (נ)
faire du commerce	lisxor	לִסְחוֹר
réseau (m) (de distribution)	'reʃet	רֶשֶׁת (נ)

inventaire (m) (stocks)	maxsan	מַחְסָן (ז)
assortiment (m)	mivxar	מִבְחָר (ז)
leader (m)	manhig	מַנְהִיג (ז)
grande (~ entreprise)	gadol	גָדוֹל
monopole (m)	'monopol	מוֹנוֹפּוֹל (ז)
théorie (f)	te"orya	תֵיאוֹרְיָה (נ)
pratique (f)	'praktika	פְּרַקְטִיקָה (נ)
expérience (f)	nisayon	נִיסָיוֹן (ז)
tendance (f)	megama	מְגָמָה (נ)
développement (m)	pi'tuax	פִּיתוּחַ (ז)

71. Les processus d'affaires. Partie 2

rentabilité (m)	'revax	רֶוַוח (ז)
rentable (adj)	rivxi	רִווחִי
délégation (f)	miʃ'laxat	מִשׁלַחַת (נ)
salaire (m)	mas'koret	מַשׂכּוֹרֶת (נ)
corriger (une erreur)	letaken	לְתַקֵן
voyage (m) d'affaires	nesi'a batafkid	נְסִיעָה בַּתַפקִיד (נ)
commission (f)	amla	עַמלָה (נ)
contrôler (vt)	liʃlot	לִשׁלוֹט
conférence (f)	kinus	כִּינוּס (ז)
licence (f)	riʃayon	רִישָׁיוֹן (ז)
fiable (partenaire ~)	amin	אָמִין
initiative (f)	yozma	יוֹזמָה (נ)
norme (f)	'norma	נוֹרמָה (נ)
circonstance (f)	nesibot	נְסִיבּוֹת (נ״ר)
fonction (f)	xova	חוֹבָה (נ)
entreprise (f)	irgun	אִרגוּן (ז)
organisation (f)	hit'argenut	הִתאַרגְנוּת (נ)
organisé (adj)	me'urgan	מְאוּרגָן
annulation (f)	bitul	בִּיטוּל (ז)
annuler (vt)	levatel	לְבַטֵל
rapport (m)	dox	דוֹח (ז)
brevet (m)	patent	פָּטֶנט (ז)
breveter (vt)	lirʃom patent	לִרשׁוֹם פָּטֶנט
planifier (vt)	letaxnen	לְתַכנֵן
prime (f)	'bonus	בּוֹנוּס (ז)
professionnel (adj)	miktso'i	מִקצוֹעִי
procédure (f)	'nohal	נוֹהַל (ז)
examiner (vt)	livxon	לִבחוֹן
calcul (m)	xiʃuv	חִישׁוּב (ז)
réputation (f)	monitin	מוֹנִיטִין (ז״ר)
risque (m)	sikun	סִיכּוּן (ז)
diriger (~ une usine)	lenahel	לְנַהֵל

renseignements (m pl)	meida	מֵידָע (ז)
propriété (f)	ba'alut	בַּעֲלוּת (נ)
union (f)	igud	אִיגוּד (ז)
assurance vie (f)	bi'tuax xayim	בִּיטוּחַ חַיִּים (ז)
assurer (vt)	leva'teax	לבטח
assurance (f)	bi'tuax	בִּיטוּחַ (ז)
enchères (f pl)	mexira 'pombit	מְכִירָה פּוּמְבִּית (נ)
notifier (informer)	leho'dia	לְהוֹדִיעַ
gestion (f)	nihul	נִיהוּל (ז)
service (m)	ʃirut	שֵׁירוּת (ז)
forum (m)	'forum	פוֹרוּם (ז)
fonctionner (vi)	letafked	לְתַפְקֵד
étape (f)	ʃalav	שָׁלָב (ז)
juridique (services ~s)	miʃpati	מִשְׁפָּטִי
juriste (m)	orex din	עוֹרֵךְ דִּין (ז)

72. L'usine. La production

usine (f)	mif'al	מִפְעָל (ז)
fabrique (f)	beit xa'roʃet	בֵּית חֲרוֹשֶׁת (ז)
atelier (m)	agaf	אֲגַף (ז)
site (m) de production	mif'al	מִפְעָל (ז)
industrie (f)	ta'asiya	תַּעֲשִׂיָּה (נ)
industriel (adj)	ta'asiyati	תַּעֲשִׂיָּתִי
industrie (f) lourde	ta'asiya kveda	תַּעֲשִׂיָּה כְּבֵדָה (נ)
industrie (f) légère	ta'asiya kala	תַּעֲשִׂיָּה קַלָּה (נ)
produit (m)	to'tseret	תּוֹצֶרֶת (נ)
produire (vt)	leyatser	לְיַיצֵר
matières (f pl) premières	'xomer 'gelem	חוֹמֶר גֶּלֶם (ז)
chef (m) d'équipe	menahel avoda	מְנַהֵל עֲבוֹדָה (ז)
équipe (f) d'ouvriers	'tsevet ovdim	צֶוֶת עוֹבְדִים (ז)
ouvrier (m)	po'el	פּוֹעֵל (ז)
jour (m) ouvrable	yom avoda	יוֹם עֲבוֹדָה (ז)
pause (f) (repos)	hafsaka	הַפְסָקָה (נ)
réunion (f)	yeʃiva	יְשִׁיבָה (נ)
discuter (vt)	ladun	לָדוּן
plan (m)	toxnit	תּוֹכְנִית (נ)
accomplir le plan	leva'tse'a et hatoxnit	לְבַצֵּעַ אֶת הַתּוֹכְנִית
norme (f) de production	'ketsev tfuka	קֶצֶב תְּפוּקָה (ז)
qualité (f)	eixut	אֵיכוּת (נ)
contrôle (m)	bakara	בַּקָּרָה (נ)
contrôle (m) qualité	bakarat eixut	בַּקָּרַת אֵיכוּת (נ)
sécurité (f) de travail	betixut beavoda	בְּטִיחוּת בַּעֲבוֹדָה (נ)
discipline (f)	miʃ'ma'at	מִשְׁמַעַת (נ)
infraction (f)	hafara	הֲפָרָה (נ)

Français	Translittération	Hébreu
violer (les règles)	lehafer	לְהָפֵר (ז)
grève (f)	ʃvita	שְׁבִיתָה (נ)
gréviste (m)	ʃovet	שׁוֹבֵת (ז)
faire grève	liʃbot	לִשְׁבּוֹת
syndicat (m)	igud ovdim	אִיגוּד עוֹבְדִים (ז)
inventer (machine, etc.)	lehamtsi	לְהַמְצִיא
invention (f)	hamtsa'a	הַמְצָאָה (נ)
recherche (f)	meχkar	מֶחְקָר (ז)
améliorer (vt)	leʃaper	לְשַׁפֵּר
technologie (f)	teχno'logya	טֶכְנוֹלוֹגִיָה (נ)
dessin (m) technique	sirtut	שִׂרְטוּט (ז)
charge (f) (~ de 3 tonnes)	mit'an	מִטְעָן (ז)
chargeur (m)	sabal	סַבָּל (ז)
charger (véhicule, etc.)	leha'amis	לְהַעֲמִיס
chargement (m)	ha'amasa	הַעֲמָסָה (נ)
décharger (vt)	lifrok mit'an	לִפְרוֹק מִטְעָן
déchargement (m)	prika	פְּרִיקָה (נ)
transport (m)	hovala	הוֹבָלָה (נ)
compagnie (f) de transport	χevrat hovala	חֶבְרַת הוֹבָלָה (נ)
transporter (vt)	lehovil	לְהוֹבִיל
wagon (m) de marchandise	karon	קָרוֹן (ז)
citerne (f)	meχalit	מֵיכָלִית (נ)
camion (m)	masa'it	מַשָּׂאִית (נ)
machine-outil (f)	meχonat ibud	מְכוֹנַת עִיבּוּד (נ)
mécanisme (m)	manganon	מַנְגָּנוֹן (ז)
déchets (m pl)	'psolet ta'asiyatit	פְּסוֹלֶת תַּעֲשִׂיָיתִית (נ)
emballage (m)	ariza	אֲרִיזָה (נ)
emballer (vt)	le'eroz	לֶאֱרוֹז

73. Le contrat. L'accord

Français	Translittération	Hébreu
contrat (m)	χoze	חוֹזֶה (ז)
accord (m)	heskem	הֶסְכֵּם (ז)
annexe (f)	'sefaχ	סָפָח (ז)
signer un contrat	la'aroχ heskem	לַעֲרוֹךְ הֶסְכֵּם
signature (f)	χatima	חֲתִימָה (נ)
signer (vt)	laχtom	לַחְתּוֹם
cachet (m)	χo'temet	חוֹתֶמֶת (נ)
objet (m) du contrat	nose haχoze	נוֹשֵׂא הַחוֹזֶה (ז)
clause (f)	se'if	סָעִיף (ז)
côtés (m pl)	tsdadim	צְדָדִים (ז״ר)
adresse (f) légale	'ktovet miʃpatit	כְּתוֹבָת מִשְׁפָּטִית (נ)
violer l'accord	lehafer χoze	לְהָפֵר חוֹזֶה
obligation (f)	hitχaivut	הִתְחַיְיבוּת (נ)
responsabilité (f)	aχrayut	אַחְרָיוּת (נ)

force (f) majeure	'koax elyon	כּוֹחַ עֶלְיוֹן (ז)
litige (m)	vi'kuax	וִיכּוּחַ (ז)
pénalités (f pl)	itsumim	עִיצוּמִים (ז״ר)

74. L'importation. L'exportation

importation (f)	ye'vu'a	יְבוּא (ז)
importateur (m)	yevu'an	יְבוּאָן (ז)
importer (vt)	leyabe	לְיַבֵּא
d'importation	meyuba	מְיוּבָּא
exportation (f)	yitsu	יִיצוּא (ז)
exportateur (m)	yetsu'an	יְצוּאָן (ז)
exporter (vt)	leyatse	לְיַצֵּא
d'exportation (adj)	ʃel yitsu	שֶׁל יִיצוּא
marchandise (f)	sxora	סְחוֹרָה (נ)
lot (m) de marchandises	miʃ'loax	מִשְׁלוֹחַ (ז)
poids (m)	miʃkal	מִשְׁקָל (ז)
volume (m)	'nefax	נֶפַח (ז)
mètre (m) cube	'meter me'ukav	מֶטֶר מְעוּקָב (ז)
producteur (m)	yatsran	יַצְרָן (ז)
compagnie (f) de transport	xevrat hovala	חֶבְרַת הוֹבָלָה (נ)
container (m)	mexula	מְכוּלָה (נ)
frontière (f)	gvul	גְבוּל (ז)
douane (f)	'mexes	מֶכֶס (ז)
droit (m) de douane	mas 'mexes	מַס מֶכֶס (ז)
douanier (m)	pakid 'mexes	פָּקִיד מֶכֶס (ז)
contrebande (f) (trafic)	havraxa	הַבְרָחָה (נ)
contrebande (f)	sxora muv'rexet	סְחוֹרָה מוּבְרַחַת (נ)

75. La finance

action (f)	menaya	מְנָיָה (נ)
obligation (f)	i'geret xov	אִיגֶּרֶת חוֹב (נ)
lettre (f) de change	ʃtar xalifin	שְׁטַר חֲלִיפִין (ז)
bourse (f)	'bursa	בּוֹרְסָה (נ)
cours (m) d'actions	mexir hamenaya	מְחִיר הַמְּנָיָה (ז)
baisser (vi)	la'redet bemexir	לָרֶדֶת בְּמְחִיר
augmenter (vi) (prix)	lehityaker	לְהִתְיַיקֵּר
part (f)	menaya	מְנָיָה (נ)
participation (f) de contrôle	ʃlita	שְׁלִיטָה (נ)
investissements (m pl)	haʃka'ot	הַשְׁקָעוֹת (נ״ר)
investir (vt)	lehaʃ'ki'a	לְהַשְׁקִיעַ
pour-cent (m)	axuz	אָחוּז (ז)

intérêts (m pl)	ribit	רִיבִּית (נ)
profit (m)	'revaχ	רֶווַח (ז)
profitable (adj)	rivχi	רִווחִי
impôt (m)	mas	מַס (ז)
devise (f)	mat'be'a	מַטבֵּעַ (ז)
national (adj)	le'umi	לְאוּמִי
échange (m)	hamara	הֲמָרָה (נ)
comptable (m)	ro'e χeʃbon	רוֹאֵה חֶשבּוֹן (ז)
comptabilité (f)	hanhalat χeʃbonot	הַנהָלַת חֶשבּוֹנוֹת (נ)
faillite (f)	pʃitat 'regel	פּשִיטַת רֶגֶל (נ)
krach (m)	krisa	קרִיסָה (נ)
ruine (f)	pʃitat 'regel	פּשִיטַת רֶגֶל (נ)
se ruiner (vp)	lifʃot 'regel	לִפשוֹט רֶגֶל
inflation (f)	inf'latsya	אִינפלַציָה (נ)
dévaluation (f)	piχut	פִּיחוּת (ז)
capital (m)	hon	הוֹן (ז)
revenu (m)	haχnasa	הַכנָסָה (נ)
chiffre (m) d'affaires	maχzor	מַחזוֹר (ז)
ressources (f pl)	maʃabim	מַשאַבִּים (ז״ר)
moyens (m pl) financiers	emtsa'im kaspiyim	אֶמצָעִים כַּספִּיִים (ז״ר)
frais (m pl) généraux	hotsa'ot	הוֹצָאוֹת (נ״ר)
réduire (vt)	letsamtsem	לְצַמצֵם

76. La commercialisation. Le marketing

marketing (m)	ʃivuk	שִיווּק (ז)
marché (m)	ʃuk	שוּק (ז)
segment (m) du marché	'pelaχ ʃuk	פֶּלַח שוּק (ז)
produit (m)	mutsar	מוּצָר (ז)
marchandise (f)	sχora	סחוֹרָה (נ)
marque (f) de fabrique	mutag	מוּתָג (ז)
marque (f) déposée	'semel misχari	סֶמֶל מִסחָרִי (ז)
logotype (m)	'semel haχevra	סֶמֶל הַחֶברָה (ז)
logo (m)	'logo	לוֹגוֹ (ז)
demande (f)	bikuʃ	בִּיקוּש (ז)
offre (f)	he'tse'a	הֵיצֵעַ (ז)
besoin (m)	'tsoreχ	צוֹרֶך (ז)
consommateur (m)	tsarχan	צַרכָן (ז)
analyse (f)	ni'tuaχ	נִיתוּחַ (ז)
analyser (vt)	lena'teaχ	לְנַתֵחַ
positionnement (m)	mitsuv	מִיצוּב (ז)
positionner (vt)	lematsev	לְמַצֵב
prix (m)	meχir	מְחִיר (ז)
politique (f) des prix	mediniyut timχur	מְדִינִיוּת תִמחוּר (נ)
formation (f) des prix	hamχara	הַמחָרָה (נ)

77. La publicité

publicité (f), pub (f)	pirsum	פִּרְסוּם (ז)
faire de la publicité	lefarsem	לְפַרְסֵם
budget (m)	taktsiv	תַּקְצִיב (ז)
annonce (f), pub (f)	pir'somet	פִּרְסוֹמֶת (נ)
publicité (f) à la télévision	pir'somet tele'vizya	פִּרְסוֹמֶת טֶלֶוִויזְיָה (נ)
publicité (f) à la radio	pir'somet 'radyo	פִּרְסוֹמֶת רָדְיוֹ (נ)
publicité (f) extérieure	pirsum xutsot	פִּרְסוּם חוּצוֹת (ז)
mass média (m pl)	emtsa'ei tik'foret hamonim	אֶמְצָעֵי תִקְשׁוֹרֶת הָמוֹנִים (ז"ר)
périodique (m)	ktav et	כְּתַב עֵת (ז)
image (f)	tadmit	תַּדְמִית (נ)
slogan (m)	sisma	סִיסְמָה (נ)
devise (f)	'moto	מוֹטוֹ (ז)
campagne (f)	masa	מַסָּע (ז)
campagne (f) publicitaire	masa pirsum	מַסָּע פִּרְסוּם (ז)
public (m) cible	oxlusiyat 'ya'ad	אוֹכְלוּסִיַּית יַעַד (נ)
carte (f) de visite	kartis bikur	כַּרְטִיס בִּיקוּר (ז)
prospectus (m)	alon	עָלוֹן (ז)
brochure (f)	xo'veret	חוֹבֶרֶת (נ)
dépliant (m)	alon	עָלוֹן (ז)
bulletin (m)	alon meida	עָלוֹן מֵידָע (ז)
enseigne (f)	'felet	שֶׁלֶט (ז)
poster (m)	'poster	פּוֹסְטֶר (ז)
panneau-réclame (m)	'luax pirsum	לוּחַ פִּרְסוּם (ז)

78. Les opérations bancaires

banque (f)	bank	בַּנְק (ז)
agence (f) bancaire	snif	סְנִיף (ז)
conseiller (m)	yo'ets	יוֹעֵץ (ז)
gérant (m)	menahel	מְנַהֵל (ז)
compte (m)	xefbon	חֶשְׁבּוֹן (ז)
numéro (m) du compte	mispar xefbon	מִסְפַּר חֶשְׁבּוֹן (ז)
compte (m) courant	xefbon over vafav	חֶשְׁבּוֹן עוֹבֵר וָשָׁב (ז)
compte (m) sur livret	xefbon xisaxon	חֶשְׁבּוֹן חִסָּכוֹן (ז)
ouvrir un compte	lif'toax xefbon	לִפְתוֹחַ חֶשְׁבּוֹן
clôturer le compte	lisgor xefbon	לִסְגוֹר חֶשְׁבּוֹן
verser dans le compte	lehafkid lexefbon	לְהַפְקִיד לְחֶשְׁבּוֹן
retirer du compte	limfox mexefbon	לִמְשׁוֹךְ מֵחֶשְׁבּוֹן
dépôt (m)	pikadon	פִּיקָדוֹן (ז)
faire un dépôt	lehafkid	לְהַפְקִיד
virement (m) bancaire	ha'avara banka'it	הַעֲבָרָה בַּנְקָאִית (נ)

faire un transfert	leha'avir 'kesef	לְהַעֲבִיר כֶּסֶף
somme (f)	sxum	סְכוּם (ז)
Combien?	'kama?	כַּמָה?
signature (f)	xatima	חֲתִימָה (נ)
signer (vt)	laxtom	לַחְתוֹם
carte (f) de crédit	kartis aʃrai	כַּרְטִיס אַשְׁרַאי (ז)
code (m)	kod	קוֹד (ז)
numéro (m) de carte de crédit	mispar kartis aʃrai	מִסְפַּר כַּרְטִיס אַשְׁרַאי (ז)
distributeur (m)	kaspomat	כַּסְפּוֹמָט (ז)
chèque (m)	tʃek	צֶ'ק (ז)
faire un chèque	lixtov tʃek	לִכְתּוֹב צֶ'ק
chéquier (m)	pinkas 'tʃekim	פִּנְקַס צֶ'קִים (ז)
crédit (m)	halva'a	הַלְוָאָה (נ)
demander un crédit	levakeʃ halva'a	לְבַקֵשׁ הַלְוָאָה
prendre un crédit	lekabel halva'a	לְקַבֵּל הַלְוָאָה
accorder un crédit	lehalvot	לְהַלְווֹת
gage (m)	arvut	עַרְבוּת (נ)

79. Le téléphone. La conversation téléphonique

téléphone (m)	'telefon	טֶלֶפוֹן (ז)
portable (m)	'telefon nayad	טֶלֶפוֹן נַיָיד (ז)
répondeur (m)	meʃivon	מְשִׁיבוֹן (ז)
téléphoner, appeler	letsaltsel	לְצַלְצֵל
appel (m)	sixat 'telefon	שִׂיחַת טֶלֶפוֹן (נ)
composer le numéro	lexayeg mispar	לְחַיֵיג מִסְפָּר
Allô!	'halo!	הָלוֹ!
demander (~ l'heure)	liʃol	לִשְׁאוֹל
répondre (vi, vt)	la'anot	לַעֲנוֹת
entendre (bruit, etc.)	liʃmo'a	לִשְׁמוֹעַ
bien (adv)	tov	טוֹב
mal (adv)	lo tov	לֹא טוֹב
bruits (m pl)	hafra'ot	הַפְרָעוֹת (נ"ר)
récepteur (m)	ʃfo'feret	שְׁפוֹפֶרֶת (נ)
décrocher (vt)	leharim ʃfo'feret	לְהָרִים שְׁפוֹפֶרֶת
raccrocher (vi)	leha'niax ʃfo'feret	לְהַנִיחַ שְׁפוֹפֶרֶת
occupé (adj)	tafus	תָפוּס
sonner (vi)	letsaltsel	לְצַלְצֵל
carnet (m) de téléphone	'sefer tele'fonim	סֵפֶר טֶלֶפוֹנִים (ז)
local (adj)	mekomi	מְקוֹמִי
appel (m) local	sixa mekomit	שִׂיחָה מְקוֹמִית (נ)
interurbain (adj)	bein ironi	בֵּין עִירוֹנִי
appel (m) interurbain	sixa bein ironit	שִׂיחָה בֵּין עִירוֹנִית (נ)
international (adj)	benle'umi	בֵּינלְאוֹמִי
appel (m) international	sixa benle'umit	שִׂיחָה בֵּינלְאוֹמִית (נ)

80. Le téléphone portable

portable (m)	'telefon nayad	טֶלֶפוֹן נַיָּד (ז)
écran (m)	masax	מָסָךְ (ז)
bouton (m)	kaftor	כַּפְתּוֹר (ז)
carte SIM (f)	kartis sim	כַּרְטִיס סִים (ז)
pile (f)	solela	סוֹלְלָה (נ)
être déchargé	lehitroken	לְהִתְרוֹקֵן
chargeur (m)	mit'an	מִטְעָן (ז)
menu (m)	tafrit	תַּפְרִיט (ז)
réglages (m pl)	hagdarot	הַגְדָּרוֹת (נ"ר)
mélodie (f)	mangina	מַנְגִּינָה (נ)
sélectionner (vt)	livxor	לִבְחוֹר
calculatrice (f)	maxʃevon	מַחְשְׁבוֹן (ז)
répondeur (m)	ta koli	תָּא קוֹלִי (ז)
réveil (m)	ʃa'on me'orer	שָׁעוֹן מְעוֹרֵר (ז)
contacts (m pl)	anʃei 'keʃer	אַנְשֵׁי קֶשֶׁר (ז"ר)
SMS (m)	misron	מִסְרוֹן (ז)
abonné (m)	manui	מָנוּי (ז)

81. La papeterie

stylo (m) à bille	et kaduri	עֵט כַּדּוּרִי (ז)
stylo (m) à plume	et no've'a	עֵט נוֹבֵעַ (ז)
crayon (m)	iparon	עִפָּרוֹן (ז)
marqueur (m)	'marker	מַרְקֵר (ז)
feutre (m)	tuʃ	טוּשׁ (ז)
bloc-notes (m)	pinkas	פִּנְקָס (ז)
agenda (m)	yoman	יוֹמָן (ז)
règle (f)	sargel	סַרְגֵּל (ז)
calculatrice (f)	maxʃevon	מַחְשְׁבוֹן (ז)
gomme (f)	'maxak	מַחַק (ז)
punaise (f)	'na'ats	נַעַץ (ז)
trombone (m)	mehadek	מְהַדֵּק (ז)
colle (f)	'devek	דֶּבֶק (ז)
agrafeuse (f)	ʃadxan	שַׁדְכָן (ז)
perforateur (m)	menakev	מְנַקֵּב (ז)
taille-crayon (m)	maxded	מַחְדֵּד (ז)

82. Les types d'activités économiques

services (m pl) comptables	ʃerutei hanhalat xeʃbonot	שֵׁירוּתֵי הַנְהָלַת חָשְׁבּוֹנוֹת (ז"ר)
publicité (f), pub (f)	pirsum	פִּרְסוּם (ז)

agence (f) publicitaire	soχnut pirsum	סוֹכְנוּת פִּרְסוֹם (נ)
climatisation (m)	mazganim	מַזְגָנִים (ז"ר)
compagnie (f) aérienne	χevrat te'ufa	חֶבְרַת תְּעוּפָה (נ)
boissons (f pl) alcoolisées	maʃka'ot χarifim	מַשְׁקָאוֹת חֲרִיפִים (נ"ר)
antiquités (f pl)	atikot	עַתִיקוֹת (נ"ר)
galerie (f) d'art	ga'lerya le'amanut	גָלֶרְיָה לְאָמָנוּת (נ)
services (m pl) d'audition	ʃerutei bi'koret χeʃbonot	שֵׁירוּתֵי בִּיקוֹרֶת חֶשְׁבּוֹנוֹת (ז"ר)
banques (f pl)	banka'ut	בַּנְקָאוּת (נ)
bar (m)	bar	בַּר (ז)
salon (m) de beauté	meχon 'yofi	מְכוֹן יוֹפִי (ז)
librairie (f)	χanut sfarim	חֲנוּת סְפָרִים (נ)
brasserie (f) (fabrique)	miv'ʃelet 'bira	מִבְשֶׁלֶת בִּירָה (נ)
centre (m) d'affaires	merkaz asakim	מֶרְכַּז עֲסָקִים (ז)
école (f) de commerce	beit 'sefer le'asakim	בֵּית סֵפֶר לַעֲסָקִים (ז)
casino (m)	ka'zino	קָזִינוֹ (ז)
bâtiment (m)	bniya	בְּנִיָה (נ)
conseil (m)	yi'uts	יִיעוּץ (ז)
dentistes (pl)	mirpa'at ʃi'nayim	מִרְפָּאַת שִׁינַיִים (נ)
design (m)	itsuv	עִיצוּב (ז)
pharmacie (f)	beit mir'kaχat	בֵּית מִרְקַחַת (ז)
pressing (m)	nikui yaveʃ	נִיקוּי יָבֵשׁ (ז)
agence (f) de recrutement	soχnut 'koaχ adam	סוֹכְנוּת כּוֹחַ אָדָם (נ)
service (m) financier	ʃerutim fi'nansim	שֵׁירוּתִים פִינַנְסִיִים (ז"ר)
produits (m pl) alimentaires	mutsrei mazon	מוּצְרֵי מָזוֹן (ז"ר)
maison (f) funéraire	beit levayot	בֵּית לְוָויוֹת (ז)
meubles (m pl)	rehitim	רָהִיטִים (ז"ר)
vêtement (m)	bgadim	בְּגָדִים (ז"ר)
hôtel (m)	beit malon	בֵּית מָלוֹן (ז)
glace (f)	'glida	גְלִידָה (נ)
industrie (f)	ta'asiya	תַעֲשִׂיָה (נ)
assurance (f)	bi'tuaχ	בִּיטוּחַ (ז)
Internet (m)	'internet	אִינְטֶרְנֶט (ז)
investissements (m pl)	haʃka'ot	הַשְׁקָעוֹת (נ"ר)
bijoutier (m)	tsoref	צוֹרֵף (ז)
bijouterie (f)	taχʃitim	תַכְשִׁיטִים (ז"ר)
blanchisserie (f)	miχbasa	מִכְבָּסָה (נ)
service (m) juridique	yo'ets miʃpati	יוֹעֵץ מִשְׁפָּטִי (ז)
industrie (f) légère	ta'asiya kala	תַעֲשִׂיָה קַלָה (נ)
revue (f)	ʒurnal	ז'וּרְנָל (ז)
vente (f) par catalogue	meχira be'do'ar	מְכִירָה בְּדוֹאַר (נ)
médecine (f)	refu'a	רְפוּאָה (נ)
cinéma (m)	kol'no'a	קוֹלְנוֹעַ (ז)
musée (m)	muze'on	מוּזֵיאוֹן (ז)
agence (f) d'information	soχnut yedi'ot	סוֹכְנוּת יְדִיעוֹת (נ)
journal (m)	iton	עִיתוֹן (ז)
boîte (f) de nuit	mo'adon 'laila	מוֹעֲדוֹן לַיְלָה (ז)
pétrole (m)	neft	נֵפְט (ז)

coursiers (m pl)	ʃirut ʃlixim	שירות שליחים (ז)
industrie (f) pharmaceutique	rokxut	רוקחות (נ)
imprimerie (f)	beit dfus	בֵּית דפוס (ז)
maison (f) d'édition	hotsa'a la'or	הוֹצָאָה לָאוֹר (נ)
radio (f)	'radyo	רַדְיוֹ (ז)
immobilier (m)	nadlan	נַדְלַ"ן (ז)
restaurant (m)	mis'ada	מִסְעָדָה (נ)
agence (f) de sécurité	xevrat ʃmira	חֶבְרַת שְׁמִירָה (נ)
sport (m)	sport	סְפּוֹרט (ז)
bourse (f)	'bursa	בּוּרְסָה (נ)
magasin (m)	xanut	חָנוּת (נ)
supermarché (m)	super'market	סוּפֶּרְמַרְקֶט (ז)
piscine (f)	brexat sxiya	בְּרֵיכַת שְׂחִיָּה (נ)
atelier (m) de couture	mitpara	מִתְפָּרָה (נ)
télévision (f)	tele'vizya	טֶלֶוְוִיזְיָה (נ)
théâtre (m)	te'atron	תֵיאַטְרוֹן (ז)
commerce (m)	misxar	מִסְחָר (ז)
sociétés de transport	hovalot	הוֹבָלוֹת (נ"ר)
tourisme (m)	tayarut	תַּיָּירוּת (נ)
vétérinaire (m)	veterinar	וֶטֶרִינָר (ז)
entrepôt (m)	maxsan	מַחְסָן (ז)
récupération (f) des déchets	isuf 'zevel	אִיסוּף זֶבֶל (ז)

Le travail. Les affaires. Partie 2

83. Les foires et les salons

salon (m)	ta'aruxa	תַּעֲרוּכָה (נ)
salon (m) commercial	ta'aruxa misxarit	תַּעֲרוּכָה מִסְחָרִית (נ)
participation (f)	hiʃtatfut	הִשְׁתַּתְּפוּת (נ)
participer à ...	lehiʃtatef	לְהִשְׁתַּתֵּף
participant (m)	miʃtatef	מִשְׁתַּתֵּף (ז)
directeur (m)	menahel	מְנַהֵל (ז)
direction (f)	misrad hame'argenim	מִשְׂרַד הַמְאַרְגְּנִים (ז)
organisateur (m)	me'argen	מְאַרְגֵּן (ז)
organiser (vt)	le'argen	לְאַרְגֵּן
demande (f) de participation	'tofes hiʃtatfut	טוֹפֶס הִשְׁתַּתְּפוּת (ז)
remplir (vt)	lemale	לְמַלֵּא
détails (m pl)	pratim	פְּרָטִים (ז״ר)
information (f)	meida	מֵידָע (ז)
prix (m)	mexir	מְחִיר (ז)
y compris	kolel	כּוֹלֵל
inclure (~ les taxes)	lixlol	לִכְלוֹל
payer (régler)	leʃalem	לְשַׁלֵּם
droits (m pl) d'inscription	dmei riʃum	דְּמֵי רִישׁוּם (ז״ר)
entrée (f)	knisa	כְּנִיסָה (נ)
pavillon (m)	bitan	בִּיתָן (ז)
enregistrer (vt)	lirʃom	לִרְשׁוֹם
badge (m)	tag	תָּג (ז)
stand (m)	duxan	דּוּכָן (ז)
réserver (vt)	liʃmor	לִשְׁמוֹר
vitrine (f)	madaf tetsuga	מַדָּף תְּצוּגָה (ז)
lampe (f)	menorat spot	מְנוֹרַת סְפּוֹט (נ)
design (m)	itsuv	עִיצוּב (ז)
mettre (placer)	la'arox	לַעֲרוֹךְ
être placé	lehimatse	לְהִימָּצֵא
distributeur (m)	mefits	מֵפִיץ (ז)
fournisseur (m)	sapak	סַפָּק (ז)
fournir (vt)	lesapek	לְסַפֵּק
pays (m)	medina	מְדִינָה (נ)
étranger (adj)	mexul	מחו״ל
produit (m)	mutsar	מוּצָר (ז)
association (f)	amuta	עֲמוּתָה (נ)
salle (f) de conférences	ulam knasim	אוּלָם כְּנָסִים (ז)

congrès (m)	kongres	קוֹנגרֶס (ז)
concours (m)	taxarut	תַחֲרוּת (נ)
visiteur (m)	mevaker	מְבַקֵר (ז)
visiter (vt)	levaker	לְבַקֵר
client (m)	la'koax	לָקוֹחַ (ז)

84. La recherche scientifique et les chercheurs

science (f)	mada	מַדָע (ז)
scientifique (adj)	mada'i	מַדָעִי
savant (m)	mad'an	מַדעָן (ז)
théorie (f)	te''orya	תֵיאוֹרִיָה (נ)
axiome (m)	aks'yoma	אַקסִיוֹמָה (נ)
analyse (f)	ni'tuax	נִיתוּחַ (ז)
analyser (vt)	lena'teax	לְנַתֵחַ
argument (m)	nimuk	נִימוּק (ז)
substance (f) (matière)	'xomer	חוֹמֶר (ז)
hypothèse (f)	hipo'teza	הִיפּוֹתֶזָה (נ)
dilemme (m)	di'lema	דִילֶמָה (נ)
thèse (f)	diser'tatsya	דִיסֶרטַציָה (נ)
dogme (m)	'dogma	דוֹגמָה (נ)
doctrine (f)	dok'trina	דוֹקטרִינָה (נ)
recherche (f)	mexkar	מֶחקָר (ז)
rechercher (vt)	laxkor	לַחקוֹר
test (m)	nuisuyim	נִיסוּיִים (ז"ר)
laboratoire (m)	ma'abada	מַעֲבָּדָה (נ)
méthode (f)	ʃita	שִיטָה (נ)
molécule (f)	mo'lekula	מוֹלֶקוּלָה (נ)
monitoring (m)	nitur	נִיטוּר (ז)
découverte (f)	gilui	גִילוּי (ז)
postulat (m)	aks'yoma	אַקסִיוֹמָה (נ)
principe (m)	ikaron	עִיקָרוֹן (ז)
prévision (f)	taxazit	תַחֲזִית (נ)
prévoir (vt)	laxazot	לַחֲזוֹת
synthèse (f)	sin'teza	סִינתֶזָה (נ)
tendance (f)	megama	מְגַמָה (נ)
théorème (m)	miʃpat	מִשפָּט (ז)
enseignements (m pl)	tora	תוֹרָה (נ)
fait (m)	uvda	עוּבדָה (נ)
expédition (f)	miʃ'laxat	מִשלַחַת (נ)
expérience (f)	nisui	נִיסוּי (ז)
académicien (m)	akademai	אָקָדֵמַאי (ז)
bachelier (m)	'to'ar riʃon	תוֹאַר רִאשוֹן (ז)
docteur (m)	'doktor	דוֹקטוֹר (ז)
chargé (m) de cours	martse baxir	מַרצֶה בָּכִיר (ז)

magistère (m)	musmax	מוּסְמָךְ (ז)
professeur (m)	pro'fesor	פְּרוֹפֶסוֹר (ז)

Les professions. Les métiers

85. La recherche d'emploi. Le licenciement

travail (m)	avoda	עֲבוֹדָה (נ)
employés (pl)	'segel	סֶגֶל (ז)
personnel (m)	'segel	סֶגֶל (ז)
carrière (f)	kar'yera	קַרְיֵירָה (נ)
perspective (f)	efʃaruyot	אֶפְשָׁרֻיּוֹת (נ״ר)
maîtrise (f)	meyumanut	מְיֻמָּנוּת (נ)
sélection (f)	sinun	סִינוּן (ז)
agence (f) de recrutement	soxnut 'koax adam	סוֹכְנוּת כּוֹחַ אָדָם (נ)
C.V. (m)	korot xayim	קוֹרוֹת חַיִּים (נ״ר)
entretien (m)	ra'ayon avoda	רַאֲיוֹן עֲבוֹדָה (ז)
emploi (m) vacant	misra pnuya	מִשְׂרָה פְּנוּיָה (נ)
salaire (m)	mas'koret	מַשְׂכֹּרֶת (נ)
salaire (m) fixe	mas'koret kvu'a	מַשְׂכֹּרֶת קְבוּעָה (נ)
rémunération (f)	taʃlum	תַּשְׁלוּם (ז)
poste (m) (~ évolutif)	tafkid	תַּפְקִיד (ז)
fonction (f)	xova	חוֹבָה (נ)
liste (f) des fonctions	txum axrayut	תְּחוּם אַחְרָיוּת (ז)
occupé (adj)	asuk	עָסוּק
licencier (vt)	lefater	לְפַטֵּר
licenciement (m)	pitur	פִּיטוּר (ז)
chômage (m)	avtala	אַבְטָלָה (נ)
chômeur (m)	muvtal	מוּבְטָל (ז)
retraite (f)	'pensya	פֶּנְסְיָה (נ)
prendre sa retraite	latset legimla'ot	לָצֵאת לְגִימְלָאוֹת

86. Les hommes d'affaires

directeur (m)	menahel	מְנַהֵל (ז)
gérant (m)	menahel	מְנַהֵל (ז)
patron (m)	bos	בּוֹס (ז)
supérieur (m)	memune	מְמוּנֶה (ז)
supérieurs (m pl)	memunim	מְמוּנִים (ז״ר)
président (m)	nasi	נָשִׂיא (ז)
président (m) (d'entreprise)	yoʃev roʃ	יוֹשֵׁב רֹאשׁ (ז)
adjoint (m)	sgan	סְגָן (ז)
assistant (m)	ozer	עוֹזֵר (ז)

secrétaire (m, f)	mazkir	מַזְכִּיר (ז)
secrétaire (m, f) personnel	mazkir iʃi	מַזְכִּיר אִישִׁי (ז)
homme (m) d'affaires	iʃ asakim	אִישׁ עֲסָקִים (ז)
entrepreneur (m)	yazam	יָזָם (ז)
fondateur (m)	meyased	מְיַיסֵד (ז)
fonder (vt)	leyased	לְיַיסֵד
fondateur (m)	mexonen	מְכוֹנֵן (ז)
partenaire (m)	ʃutaf	שׁוּתָף (ז)
actionnaire (m)	ba'al menayot	בַּעַל מְנָיוֹת (ז)
millionnaire (m)	milyoner	מִילְיוֹנֶר (ז)
milliardaire (m)	milyarder	מִילְיַארְדֶר (ז)
propriétaire (m)	be'alim	בְּעָלִים (ז)
propriétaire (m) foncier	ba'al adamot	בַּעַל אֲדָמוֹת (ז)
client (m)	la'koax	לָקוֹחַ (ז)
client (m) régulier	la'koax ka'vu'a	לָקוֹחַ קָבוּעַ (ז)
acheteur (m)	kone	קוֹנֶה (ז)
visiteur (m)	mevaker	מְבַקֵר (ז)
professionnel (m)	miktso'an	מִקְצוֹעָן (ז)
expert (m)	mumxe	מוּמְחֶה (ז)
spécialiste (m)	mumxe	מוּמְחֶה (ז)
banquier (m)	bankai	בַּנְקַאי (ז)
courtier (m)	soxen	סוֹכֵן (ז)
caissier (m)	kupai	קוּפָּאי (ז)
comptable (m)	menahel xeʃbonot	מְנַהֵל חֶשְׁבּוֹנוֹת (ז)
agent (m) de sécurité	ʃomer	שׁוֹמֵר (ז)
investisseur (m)	maʃki'a	מַשְׁקִיעַ (ז)
débiteur (m)	ba'al xov	בַּעַל חוֹב (ז)
créancier (m)	malve	מַלְוֶה (ז)
emprunteur (m)	love	לוֹוֶה (ז)
importateur (m)	yevu'an	יְבוּאָן (ז)
exportateur (m)	yetsu'an	יְצוּאָן (ז)
producteur (m)	yatsran	יַצְרָן (ז)
distributeur (m)	mefits	מֵפִיץ (ז)
intermédiaire (m)	metavex	מְתַווֵךְ (ז)
conseiller (m)	yo'ets	יוֹעֵץ (ז)
représentant (m)	natsig mexirot	נְצִיג מְכִירוֹת (ז)
agent (m)	soxen	סוֹכֵן (ז)
agent (m) d'assurances	soxen bi'tuax	סוֹכֵן בִּיטוּחַ (ז)

87. Les métiers des services

cuisinier (m)	tabax	טַבָּח (ז)
cuisinier (m) en chef	ʃef	שֶׁף (ז)

boulanger (m)	ofe	אוֹפֶה (ז)
barman (m)	'barmen	בַּרמֶן (ז)
serveur (m)	meltsar	מֶלצָר (ז)
serveuse (f)	meltsarit	מֶלצָרִית (נ)
avocat (m)	orex din	עוֹרֵך דִין (ז)
juriste (m)	orex din	עוֹרֵך דִין (ז)
notaire (m)	notaryon	נוֹטָריוֹן (ז)
électricien (m)	xaʃmalai	חַשמַלַאי (ז)
plombier (m)	ʃravrav	שרַברָב (ז)
charpentier (m)	nagar	נַגָר (ז)
masseur (m)	ma'ase	מְעַסֶה (ז)
masseuse (f)	masa'ʒistit	מַסָז'יסטִית (נ)
médecin (m)	rofe	רוֹפֵא (ז)
chauffeur (m) de taxi	nahag monit	נֶהַג מוֹנִית (ז)
chauffeur (m)	nahag	נֶהָג (ז)
livreur (m)	ʃa'liax	שָלִיחַ (ז)
femme (f) de chambre	xadranit	חַדרָנִית (נ)
agent (m) de sécurité	ʃomer	שוֹמֵר (ז)
hôtesse (f) de l'air	da'yelet	דַייֶלֶת (נ)
professeur (m)	more	מוֹרֶה (ז)
bibliothécaire (m)	safran	סַפרָן (ז)
traducteur (m)	metargem	מְתַרגֵם (ז)
interprète (m)	meturgeman	מְתוּרגְמָן (ז)
guide (m)	madrix tiyulim	מַדרִיך טִיוּלִים (ז)
coiffeur (m)	sapar	סַפָּר (ז)
facteur (m)	davar	דַוָור (ז)
vendeur (m)	moxer	מוֹכֵר (ז)
jardinier (m)	ganan	גַנָן (ז)
serviteur (m)	meʃaret	מְשָרֵת (ז)
servante (f)	meʃa'retet	מְשָרֶתֶת (נ)
femme (f) de ménage	menaka	מְנַקָה (נ)

88. Les professions militaires et leurs grades

soldat (m) (grade)	turai	טוּרַאי (ז)
sergent (m)	samal	סַמָל (ז)
lieutenant (m)	'segen	סֶגֶן (ז)
capitaine (m)	'seren	סֶרֶן (ז)
commandant (m)	rav 'seren	רַב-סֶרֶן (ז)
colonel (m)	aluf miʃne	אַלוּף מִשנֶה (ז)
général (m)	aluf	אַלוּף (ז)
maréchal (m)	'marʃal	מַרשָל (ז)
amiral (m)	admiral	אַדמִירָל (ז)
militaire (m)	iʃ tsava	אִיש צָבָא (ז)
soldat (m)	xayal	חַייָל (ז)

officier (m)	katsin	קָצִין (ז)
commandant (m)	mefaked	מְפַקֵד (ז)
garde-frontière (m)	ʃomer gvul	שׁוֹמֵר גְבוּל (ז)
opérateur (m) radio	alχutai	אַלחוּטַאי (ז)
éclaireur (m)	iʃ modi'in kravi	אִיש מוֹדִיעִין קְרָבִי (ז)
démineur (m)	χablan	חַבּלָן (ז)
tireur (m)	tsalaf	צַלָף (ז)
navigateur (m)	navat	נַוָוט (ז)

89. Les fonctionnaires. Les prêtres

roi (m)	'meleχ	מֶלֶך (ז)
reine (f)	malka	מַלכָּה (נ)
prince (m)	nasiχ	נָסִיך (ז)
princesse (f)	nesiχa	נְסִיכָה (נ)
tsar (m)	tsar	צָאר (ז)
tsarine (f)	tsa'rina	צָארִינָה (נ)
président (m)	nasi	נָשִׂיא (ז)
ministre (m)	sar	שַׂר (ז)
premier ministre (m)	roʃ memʃala	רֹאש מֶמשָׁלָה (ז)
sénateur (m)	se'nator	סֶנָאטוֹר (ז)
diplomate (m)	diplomat	דִיפּלוֹמָט (ז)
consul (m)	'konsul	קוֹנסוּל (ז)
ambassadeur (m)	ʃagrir	שַׁגרִיר (ז)
conseiller (m)	yo'ets	יוֹעֵץ (ז)
fonctionnaire (m)	pakid	פָּקִיד (ז)
préfet (m)	prefekt	פּרֶפֶקט (ז)
maire (m)	roʃ ha'ir	רֹאש הָעִיר (ז)
juge (m)	ʃofet	שׁוֹפֵט (ז)
procureur (m)	to've'a	תוֹבֵעַ (ז)
missionnaire (m)	misyoner	מִיסיוֹנֶר (ז)
moine (m)	nazir	נָזִיר (ז)
abbé (m)	roʃ minzar ka'toli	רֹאש מִנזָר קָתוֹלִי (ז)
rabbin (m)	rav	רַב (ז)
vizir (m)	vazir	וָזִיר (ז)
shah (m)	ʃaχ	שָׁאח (ז)
cheik (m)	ʃeiχ	שֵׁיח (ז)

90. Les professions agricoles

apiculteur (m)	kavran	כַּווְרָן (ז)
berger (m)	ro'e tson	רוֹעֵה צֹאן (ז)
agronome (m)	agronom	אַגרוֹנוֹם (ז)

éleveur (m)	megadel bakar	מְגַדֵּל בָּקָר (ז)
vétérinaire (m)	veterinar	וֶטֶרִינָר (ז)
fermier (m)	χavai	חַוַּאי (ז)
vinificateur (m)	yeinan	יֵינָן (ז)
zoologiste (m)	zo'olog	זוֹאוֹלוֹג (ז)
cow-boy (m)	'ka'uboi	קָאוּבּוֹי (ז)

91. Les professions artistiques

acteur (m)	saχkan	שַׂחְקָן (ז)
actrice (f)	saχkanit	שַׂחְקָנִית (נ)
chanteur (m)	zamar	זַמָּר (ז)
cantatrice (f)	za'meret	זַמֶּרֶת (נ)
danseur (m)	rakdan	רַקְדָּן (ז)
danseuse (f)	rakdanit	רַקְדָּנִית (נ)
artiste (m)	saχkan	שַׂחְקָן (ז)
artiste (f)	saχkanit	שַׂחְקָנִית (נ)
musicien (m)	muzikai	מוּזִיקָאי (ז)
pianiste (m)	psantran	פְּסַנְתְּרָן (ז)
guitariste (m)	nagan gi'tara	נַגָּן גִּיטָרָה (ז)
chef (m) d'orchestre	mena'tseaχ	מְנַצֵּחַ (ז)
compositeur (m)	malχin	מַלְחִין (ז)
imprésario (m)	amargan	אָמַרְגָּן (ז)
metteur (m) en scène	bamai	בָּמַאי (ז)
producteur (m)	mefik	מֵפִיק (ז)
scénariste (m)	tasritai	תַּסְרִיטַאי (ז)
critique (m)	mevaker	מְבַקֵּר (ז)
écrivain (m)	sofer	סוֹפֵר (ז)
poète (m)	meʃorer	מְשׁוֹרֵר (ז)
sculpteur (m)	pasal	פַּסָּל (ז)
peintre (m)	tsayar	צַיָּיר (ז)
jongleur (m)	lahatutan	לַהֲטוּטָן (ז)
clown (m)	leitsan	לֵיצָן (ז)
acrobate (m)	akrobat	אַקְרוֹבָּט (ז)
magicien (m)	kosem	קוֹסֵם (ז)

92. Les différents métiers

médecin (m)	rofe	רוֹפֵא (ז)
infirmière (f)	aχot	אָחוֹת (נ)
psychiatre (m)	psiχi''ater	פְּסִיכִיאָטֵר (ז)
stomatologue (m)	rofe ʃi'nayim	רוֹפֵא שִׁינַּיִים (ז)
chirurgien (m)	kirurg	כִּירוּרג (ז)

astronaute (m)	astro'na'ut	אַסְטְרוֹנָאוּט (ז)
astronome (m)	astronom	אַסְטְרוֹנוֹם (ז)
pilote (m)	tayas	טַיָּס (ז)
chauffeur (m)	nahag	נֶהָג (ז)
conducteur (m) de train	nahag ra'kevet	נֶהָג רַכֶּבֶת (ז)
mécanicien (m)	meχonai	מְכוֹנַאי (ז)
mineur (m)	kore	כּוֹרֶה (ז)
ouvrier (m)	po'el	פּוֹעֵל (ז)
serrurier (m)	misgad	מַסְגֵּד (ז)
menuisier (m)	nagar	נַגָּר (ז)
tourneur (m)	χarat	חָרָט (ז)
ouvrier (m) du bâtiment	banai	בַּנַּאי (ז)
soudeur (m)	rataχ	רַתָּךְ (ז)
professeur (m) (titre)	pro'fesor	פְּרוֹפֶסוֹר (ז)
architecte (m)	adriχal	אַדְרִיכָל (ז)
historien (m)	historyon	הִיסְטוֹרְיוֹן (ז)
savant (m)	mad'an	מַדְעָן (ז)
physicien (m)	fizikai	פִיזִיקַאי (ז)
chimiste (m)	χimai	כִימַאי (ז)
archéologue (m)	arχe'olog	אַרְכֵיאוֹלוֹג (ז)
géologue (m)	ge'olog	גֵּיאוֹלוֹג (ז)
chercheur (m)	χoker	חוֹקֵר (ז)
baby-sitter (m, f)	ʃmartaf	שְׁמַרְטַף (ז)
pédagogue (m, f)	more, meχaneχ	מוֹרֶה, מְחַנֵּךְ (ז)
rédacteur (m)	oreχ	עוֹרֵךְ (ז)
rédacteur (m) en chef	oreχ raʃi	עוֹרֵךְ רָאשִׁי (ז)
correspondant (m)	katav	כַּתָּב (ז)
dactylographe (f)	kaldanit	קַלְדָּנִית (נ)
designer (m)	me'atsev	מְעַצֵּב (ז)
informaticien (m)	mumχe maχʃevim	מוּמְחֶה מַחְשְׁבִים (ז)
programmeur (m)	metaχnet	מְתַכְנֵת (ז)
ingénieur (m)	mehandes	מְהַנְדֵּס (ז)
marin (m)	yamai	יַמַּאי (ז)
matelot (m)	malaχ	מַלָּח (ז)
secouriste (m)	matsil	מַצִּיל (ז)
pompier (m)	kabai	כַּבַּאי (ז)
policier (m)	ʃoter	שׁוֹטֵר (ז)
veilleur (m) de nuit	ʃomer	שׁוֹמֵר (ז)
détective (m)	balaʃ	בַּלָּשׁ (ז)
douanier (m)	pakid 'meχes	פְּקִיד מֶכֶס (ז)
garde (m) du corps	ʃomer roʃ	שׁוֹמֵר רֹאשׁ (ז)
gardien (m) de prison	soher	סוֹהֵר (ז)
inspecteur (m)	mefa'keaχ	מְפַקֵּחַ (ז)
sportif (m)	sportai	סְפּוֹרְטַאי (ז)
entraîneur (m)	me'amen	מְאַמֵּן (ז)

boucher (m)	katsav	קַצָב (ז)
cordonnier (m)	sandlar	סַנדלָר (ז)
commerçant (m)	soχer	סוֹחֵר (ז)
chargeur (m)	sabal	סַבָּל (ז)
couturier (m)	me'atsev ofna	מְעַצֵב אוֹפנָה (ז)
modèle (f)	dugmanit	דוּגמָנִית (נ)

93. Les occupations. Le statut social

écolier (m)	talmid	תַלמִיד (ז)
étudiant (m)	student	סטוּדֶנט (ז)
philosophe (m)	filosof	פִּילוֹסוֹף (ז)
économiste (m)	kalkelan	כַּלכְּלָן (ז)
inventeur (m)	mamtsi	מַמצִיא (ז)
chômeur (m)	muvtal	מוּבטָל (ז)
retraité (m)	pensyoner	פֶּנסיוֹנֶר (ז)
espion (m)	meragel	מְרַגֵל (ז)
prisonnier (m)	asir	אָסִיר (ז)
gréviste (m)	ʃovet	שׂוֹבֵת (ז)
bureaucrate (m)	birokrat	בִּירוֹקרָט (ז)
voyageur (m)	metayel	מְטַיֵיל (ז)
homosexuel (m)	'lesbit, 'homo	לֶסבִּית (נ), הוֹמוֹ (ז)
hacker (m)	'haker	הָאקֶר (ז)
hippie (m, f)	'hipi	הִיפִּי (ז)
bandit (m)	ʃoded	שׂוֹדֵד (ז)
tueur (m) à gages	ro'tseaχ saχir	רוֹצֵחַ שָׂכִיר (ז)
drogué (m)	narkoman	נַרקוֹמָן (ז)
trafiquant (m) de drogue	soχer samim	סוֹחֵר סַמִים (ז)
prostituée (f)	zona	זוֹנָה (נ)
souteneur (m)	sarsur	סַרסוּר (ז)
sorcier (m)	meχaʃef	מְכַשֵף (ז)
sorcière (f)	maχʃefa	מְכַשֵפָה (נ)
pirate (m)	ʃoded yam	שׂוֹדֵד יָם (ז)
esclave (m)	ʃifχa, 'eved	שִפחָה (נ), עֶבֶד (ז)
samouraï (m)	samurai	סָמוּרָאי (ז)
sauvage (m)	'pere adam	פֶּרֶא אָדָם (ז)

L'éducation

94. L'éducation

| école (f) | beit 'sefer | בֵּית סֵפֶר (ז) |
| directeur (m) d'école | menahel beit 'sefer | מְנַהֵל בֵּית סֵפֶר (ז) |

élève (m)	talmid	תַּלְמִיד (ז)
élève (f)	talmida	תַּלְמִידָה (נ)
écolier (m)	talmid	תַּלְמִיד (ז)
écolière (f)	talmida	תַּלְמִידָה (נ)

enseigner (vt)	lelamed	לְלַמֵּד
apprendre (~ l'arabe)	lilmod	לִלְמוֹד
apprendre par cœur	lilmod beʻal pe	לִלְמוֹד בְּעַל פֶּה

apprendre (à faire qch)	lilmod	לִלְמוֹד
être étudiant, -e	lilmod	לִלְמוֹד
aller à l'école	laʻleχet leʻbeit 'sefer	לָלֶכֶת לְבֵית סֵפֶר

| alphabet (m) | alefbeit | אָלֶפבֵּית (ז) |
| matière (f) | mik'tsoʻa | מִקצוֹעַ (ז) |

salle (f) de classe	kita	כִּיתָה (נ)
leçon (f)	ʃiʻur	שִׁיעוּר (ז)
récréation (f)	hafsaka	הַפסָקָה (נ)
sonnerie (f)	paʻamon	פַּעֲמוֹן (ז)
pupitre (m)	ʃulχan limudim	שׁוּלחָן לִימוּדִים (ז)
tableau (m) noir	'luaχ	לוּחַ (ז)

note (f)	tsiyun	צִיוּן (ז)
bonne note (f)	tsiyun tov	צִיוּן טוֹב (ז)
mauvaise note (f)	tsiyun gaʻruʻa	צִיוּן גָרוּעַ (ז)
donner une note	latet tsiyun	לָתֵת צִיוּן

faute (f)	taʻut	טָעוּת (נ)
faire des fautes	laʻasot taʻuyot	לַעֲשׂוֹת טָעוּיוֹת
corriger (une erreur)	letaken	לְתַקֵן
antisèche (f)	ʃlif	שׁלִיף (ז)

| devoir (m) | ʃiʻurei 'bayit | שִׁיעוּרֵי בַּיִת (ז"ר) |
| exercice (m) | targil | תַרגִיל (ז) |

être présent	lihyot no'χeaχ	לִהיוֹת נוֹכֵחַ
être absent	leheʻader	לְהֵיעָדֵר
manquer l'école	lehaχsir	לְהַחסִיר

punir (vt)	lehaʻaniʃ	לְהַעֲנִישׁ
punition (f)	'oneʃ	עוֹנֶשׁ (ז)
conduite (f)	hitnahagut	הִתנַהֲגוּת (נ)

carnet (m) de notes	yoman beit 'sefer	יוֹמָן בֵּית סֵפֶר (ז)
crayon (m)	iparon	עִיפָּרוֹן (ז)
gomme (f)	'maxak	מַחַק (ז)
craie (f)	gir	גִיר (ז)
plumier (m)	kalmar	קַלְמָר (ז)
cartable (m)	yalkut	יַלְקוּט (ז)
stylo (m)	et	עֵט (ז)
cahier (m)	max'beret	מַחְבֶּרֶת (נ)
manuel (m)	'sefer limud	סֵפֶר לִימוּד (ז)
compas (m)	mexuga	מְחוּגָה (נ)
dessiner (~ un plan)	lesartet	לְשַׂרְטֵט
dessin (m) technique	sirtut	שִׂרְטוּט (ז)
poésie (f)	ʃir	שִׁיר (ז)
par cœur (adv)	be'al pe	בְּעַל פֶּה
apprendre par cœur	lilmod be'al pe	לִלְמוֹד בְּעַל פֶּה
vacances (f pl)	xuffa	חוּפְשָׁה (נ)
être en vacances	lihyot bexuffa	לִהְיוֹת בְּחוּפְשָׁה
passer les vacances	leha'avir 'xofeʃ	לְהַעֲבִיר חוֹפֶשׁ
interrogation (f) écrite	mivxan	מִבְחָן (ז)
composition (f)	xibur	חִיבּוּר (ז)
dictée (f)	haxtava	הַכְתָבָה (נ)
examen (m)	bxina	בְּחִינָה (נ)
passer les examens	lehibaxen	לְהִיבָּחֵן
expérience (f) (~ de chimie)	nisui	נִיסוּי (ז)

95. L'enseignement supérieur

académie (f)	aka'demya	אָקָדֶמְיָה (נ)
université (f)	uni'versita	אוּנִיבֶרְסִיטָה (נ)
faculté (f)	fa'kulta	פָקוּלְטָה (נ)
étudiant (m)	student	סְטוּדֶנְט (ז)
étudiante (f)	stu'dentit	סְטוּדֶנְטִית (נ)
enseignant (m)	martse	מַרְצֶה (ז)
salle (f)	ulam hartsa'ot	אוּלַם הַרְצָאוֹת (ז)
licencié (m)	boger	בּוֹגֵר (ז)
diplôme (m)	di'ploma	דִיפְּלוֹמָה (נ)
thèse (f)	diser'tatsya	דִיסֶרְטַצְיָה (נ)
étude (f)	mexkar	מֶחְקָר (ז)
laboratoire (m)	ma'abada	מַעֲבָדָה (נ)
cours (m)	hartsa'a	הַרְצָאָה (נ)
camarade (m) de cours	xaver lelimudim	חָבֵר לְלִימוּדִים (ז)
bourse (f)	milga	מִלְגָה (נ)
grade (m) universitaire	'to'ar aka'demi	תּוֹאַר אָקָדֶמִי (ז)

96. Les disciplines scientifiques

mathématiques (f pl)	mate'matika	מָתֵמָטִיקָה (נ)
algèbre (f)	'algebra	אָלְגֶבְּרָה (נ)
géométrie (f)	ge'o'metriya	גֵּיאוֹמֶטְרִיָה (נ)
astronomie (f)	astro'nomya	אַסְטְרוֹנוֹמְיָה (נ)
biologie (f)	bio'logya	בִּיוֹלוֹגְיָה (נ)
géographie (f)	ge'o'grafya	גֵּיאוֹגְרַפְיָה (נ)
géologie (f)	ge'o'logya	גֵּיאוֹלוֹגְיָה (נ)
histoire (f)	his'torya	הִיסְטוֹרְיָה (נ)
médecine (f)	refu'a	רְפוּאָה (נ)
pédagogie (f)	χinuχ	חִינוּךְ (ז)
droit (m)	miʃpatim	מִשְׁפָּטִים (ז״ר)
physique (f)	'fizika	פִיזִיקָה (נ)
chimie (f)	'χimya	כִימְיָה (נ)
philosophie (f)	filo'sofya	פִילוֹסוֹפְיָה (נ)
psychologie (f)	psiχo'logya	פְסִיכוֹלוֹגְיָה (נ)

97. Le systéme d'êcriture et l'orthographe

grammaire (f)	dikduk	דִקְדוּק (ז)
vocabulaire (m)	otsar milim	אוֹצַר מִילִים (ז)
phonétique (f)	torat ha'hege	תוֹרַת הַהֲגָה (נ)
nom (m)	ʃem 'etsem	שֵׁם עֶצֶם (ז)
adjectif (m)	ʃem 'to'ar	שֵׁם תוֹאַר (ז)
verbe (m)	po'el	פּוֹעַל (ז)
adverbe (m)	'to'ar 'po'al	תוֹאַר פּוֹעַל (ז)
pronom (m)	ʃem guf	שֵׁם גוּף (ז)
interjection (f)	milat kri'a	מִילַת קְרִיאָה (נ)
préposition (f)	milat 'yaχas	מִילַת יַחַס (נ)
racine (f)	'ʃoreʃ	שׁוֹרֶשׁ (ז)
terminaison (f)	si'yomet	סִיוֹמֶת (נ)
préfixe (m)	tχilit	תְחִילִית (נ)
syllabe (f)	havara	הֲבָרָה (נ)
suffixe (m)	si'yomet	סִיוֹמֶת (נ)
accent (m) tonique	'ta'am	טַעַם (ז)
apostrophe (f)	'gereʃ	גֶרֶשׁ (ז)
point (m)	nekuda	נְקוּדָה (נ)
virgule (f)	psik	פְּסִיק (ז)
point (m) virgule	nekuda ufsik	נְקוּדָה וּפְסִיק (נ)
deux-points (m)	nekudo'tayim	נְקוּדוֹתַיִים (נ״ר)
points (m pl) de suspension	ʃaloʃ nekudot	שָׁלוֹשׁ נְקוּדוֹת (נ״ר)
point (m) d'interrogation	siman ʃe'ela	סִימָן שְׁאֵלָה (ז)
point (m) d'exclamation	siman kri'a	סִימָן קְרִיאָה (ז)

guillemets (m pl)	merxa'ot	מֵרְכָאוֹת (ז״ר)
entre guillemets	bemerxa'ot	בְּמֵרְכָאוֹת
parenthèses (f pl)	sog'rayim	סוֹגְרַיִים (ז״ר)
entre parenthèses	besog'rayim	בְּסוֹגְרַיִים
trait (m) d'union	makaf	מַקָף (ז)
tiret (m)	kav mafrid	קַו מַפְרִיד (ז)
blanc (m)	'revax	רֶוַוח (ז)
lettre (f)	ot	אוֹת (נ)
majuscule (f)	ot gdola	אוֹת גְדוֹלָה (נ)
voyelle (f)	tnu'a	תְנוּעָה (נ)
consonne (f)	itsur	עִיצוּר (ז)
proposition (f)	miʃpat	מִשְׁפָּט (ז)
sujet (m)	nose	נוֹשֵׂא (ז)
prédicat (m)	nasu	נָשׂוּא (ז)
ligne (f)	ʃura	שׁוּרָה (נ)
à la ligne	beʃura xadaʃa	בְּשׁוּרָה חֲדָשָׁה
paragraphe (m)	piska	פִּסְקָה (נ)
mot (m)	mila	מִילָה (נ)
groupe (m) de mots	tsiruf milim	צֵירוּף מִילִים (ז)
expression (f)	bitui	בִּיטוּי (ז)
synonyme (m)	mila nir'defet	מִילָה נִרְדֶפֶת (נ)
antonyme (m)	'hefex	הֵפֶךְ (ז)
règle (f)	klal	כְּלָל (ז)
exception (f)	yotse min haklal	יוֹצֵא מִן הַכְּלָל (ז)
correct (adj)	naxon	נָכוֹן
conjugaison (f)	hataya	הַטָיָה (נ)
déclinaison (f)	hataya	הַטָיָה (נ)
cas (m)	yaxasa	יַחֲסָה (נ)
question (f)	ʃe'ela	שְׁאֵלָה (נ)
souligner (vt)	lehadgiʃ	לְהַדְגִישׁ
pointillé (m)	kav nakud	קַו נָקוּד (ז)

98. Les langues étrangéres

langue (f)	safa	שָׂפָה (נ)
étranger (adj)	zar	זָר
langue (f) étrangère	safa zara	שָׂפָה זָרָה (נ)
étudier (vt)	lilmod	לִלְמוֹד
apprendre (~ l'arabe)	lilmod	לִלְמוֹד
lire (vi, vt)	likro	לִקְרוֹא
parler (vi, vt)	ledaber	לְדַבֵּר
comprendre (vt)	lehavin	לְהָבִין
écrire (vt)	lixtov	לִכְתוֹב
vite (adv)	maher	מַהֵר
lentement (adv)	le'at	לְאַט

couramment (adv)	χofʃi	חוֹפְשִׁי
règles (f pl)	klalim	כְּלָלִים (ז"ר)
grammaire (f)	dikduk	דִקְדוּק (ז)
vocabulaire (m)	otsar milim	אוֹצַר מִילִים (ז)
phonétique (f)	torat ha'hege	תוֹרַת הַהֲגָה (נ)
manuel (m)	'sefer limud	סֵפֶר לִימוּד (ז)
dictionnaire (m)	milon	מִילוֹן (ז)
manuel (m) autodidacte	'sefer lelimud atsmi	סֵפֶר לְלִימוּד עַצְמִי (ז)
guide (m) de conversation	siχon	שִׂיחוֹן (ז)
cassette (f)	ka'letet	קַלֶטֶת (נ)
cassette (f) vidéo	ka'letet 'vide'o	קַלֶטֶת וִידֵיאוֹ (נ)
CD (m)	taklitor	תַקְלִיטוֹר (ז)
DVD (m)	di vi di	דִי. וִי. דִי. (ז)
alphabet (m)	alefbeit	אָלֶפְבֵּית (ז)
épeler (vt)	le'ayet	לְאַיֵת
prononciation (f)	hagiya	הֲגִיָה (נ)
accent (m)	mivta	מִבְטָא (ז)
avec un accent	im mivta	עִם מִבְטָא
sans accent	bli mivta	בְּלִי מִבְטָא
mot (m)	mila	מִילָה (נ)
sens (m)	maʃma'ut	מַשְׁמָעוּת (נ)
cours (m pl)	kurs	קוּרְס (ז)
s'inscrire (vp)	leheraʃem lekurs	לְהֵירָשֵׁם לְקוּרְס
professeur (m) (~ d'anglais)	more	מוֹרֶה (ז)
traduction (f) (action)	tirgum	תַרְגוּם (ז)
traduction (f) (texte)	tirgum	תַרְגוּם (ז)
traducteur (m)	metargem	מְתַרְגֵם (ז)
interprète (m)	meturgeman	מְתוּרְגְמָן (ז)
polyglotte (m)	poliglot	פּוֹלִיגְלוֹט (ז)
mémoire (f)	zikaron	זִיכָּרוֹן (ז)

Les loisirs. Les voyages

99. Les voyages. Les excursions

tourisme (m)	tayarut	תַּיָּירוּת (נ)
touriste (m)	tayar	תַּיָּיר (ז)
voyage (m) (à l'étranger)	tiyul	טִיוּל (ז)
aventure (f)	harpatka	הַרְפַּתְקָה (נ)
voyage (m)	nesi'a	נְסִיעָה (נ)
vacances (f pl)	χuffa	חוּפְשָׁה (נ)
être en vacances	lihyot beχuffa	לִהְיוֹת בְּחוּפְשָׁה
repos (m) (jours de ~)	menuχa	מְנוּחָה (נ)
train (m)	ra'kevet	רַכֶּבֶת (נ)
en train	bera'kevet	בְּרַכֶּבֶת
avion (m)	matos	מָטוֹס (ז)
en avion	bematos	בְּמָטוֹס
en voiture	bemeχonit	בִּמְכוֹנִית
en bateau	be'oniya	בְּאוֹנִיָּיה
bagage (m)	mit'an	מִטְעָן (ז)
malle (f)	mizvada	מִזְוָודָה (נ)
chariot (m)	eglat mit'an	עֶגְלַת מִטְעָן (נ)
passeport (m)	darkon	דַּרְכּוֹן (ז)
visa (m)	'viza, afra	וִיזָה, אַשְׁרָה (נ)
ticket (m)	kartis	כַּרְטִיס (ז)
billet (m) d'avion	kartis tisa	כַּרְטִיס טִיסָה (ז)
guide (m) (livre)	madriχ	מַדְרִיךְ (ז)
carte (f)	mapa	מַפָּה (נ)
région (f) (~ rurale)	ezor	אֵזוֹר (ז)
endroit (m)	makom	מָקוֹם (ז)
exotisme (m)	ek'zotika	אֶקְזוֹטִיקָה (נ)
exotique (adj)	ek'zoti	אֶקְזוֹטִי
étonnant (adj)	nifla	נִפְלָא
groupe (m)	kvutsa	קְבוּצָה (נ)
excursion (f)	tiyul	טִיוּל (ז)
guide (m) (personne)	madriχ tiyulim	מַדְרִיךְ טִיּוּלִים (ז)

100. L'hôtel

hôtel (m), auberge (f)	malon	מָלוֹן (ז)
motel (m)	motel	מוֹטֶל (ז)
3 étoiles	ʃloʃa koχavim	שְׁלוֹשָׁה כּוֹכָבִים

5 étoiles	χamiʃa koχavim	חֲמִישָׁה כּוֹכָבִים
descendre (à l'hôtel)	lehit'aχsen	לְהִתְאַכְסֵן
chambre (f)	'χeder	חֶדֶר (ז)
chambre (f) simple	'χeder yaχid	חֶדֶר יָחִיד (ז)
chambre (f) double	'χeder zugi	חֶדֶר זוּגִי (ז)
réserver une chambre	lehazmin 'χeder	לְהַזְמִין חֶדֶר
demi-pension (f)	χatsi pensiyon	חֲצִי פֶּנְסִיוֹן (ז)
pension (f) complète	pensyon male	פֶּנְסִיוֹן מָלֵא (ז)
avec une salle de bain	im am'batya	עִם אַמְבַּטְיָה
avec une douche	im mik'laχat	עִם מִקְלַחַת
télévision (f) par satellite	tele'vizya bekvalim	טֶלֶוִיזְיָה בְּכְבָלִים (נ)
climatiseur (m)	mazgan	מַזְגָן (ז)
serviette (f)	ma'gevet	מַגֶּבֶת (נ)
clé (f)	maf'teaχ	מַפְתֵּחַ (ז)
administrateur (m)	amarkal	אֲמַרְכָּל (ז)
femme (f) de chambre	χadranit	חַדְרָנִית (נ)
porteur (m)	sabal	סַבָּל (ז)
portier (m)	pakid kabala	פְּקִיד קַבָּלָה (ז)
restaurant (m)	mis'ada	מִסְעָדָה (נ)
bar (m)	bar	בָּר (ז)
petit déjeuner (m)	aruχat 'boker	אֲרוּחַת בּוֹקֶר (נ)
dîner (m)	aruχat 'erev	אֲרוּחַת עֶרֶב (נ)
buffet (m)	miznon	מִזְנוֹן (ז)
hall (m)	'lobi	לוֹבִּי (ז)
ascenseur (m)	ma'alit	מַעֲלִית (נ)
PRIÈRE DE NE PAS DÉRANGER	lo lehaf'ri'a	לֹא לְהַפְרִיעַ
DÉFENSE DE FUMER	asur le'aʃen!	אָסוּר לְעַשֵׁן!

LE MATÉRIEL TECHNIQUE. LES TRANSPORTS

Le matériel technique

101. L'informatique

ordinateur (m)	maxʃev	מַחְשֵׁב (ז)
PC (m) portable	maxʃev nayad	מַחְשֵׁב נַיָּד (ז)
allumer (vt)	lehadlik	לְהַדְלִיק
éteindre (vt)	lexabot	לְכַבּוֹת
clavier (m)	mik'ledet	מִקְלֶדֶת (נ)
touche (f)	makaʃ	מַקָּשׁ (ז)
souris (f)	axbar	עַכְבָּר (ז)
tapis (m) de souris	ʃa'tiax le'axbar	שָׁטִיחַ לְעַכְבָּר (ז)
bouton (m)	kaftor	כַּפְתּוֹר (ז)
curseur (m)	saman	סַמָּן (ז)
moniteur (m)	masax	מָסָךְ (ז)
écran (m)	tsag	צַג (ז)
disque (m) dur	disk ka'ʃiax	דִּיסְק קָשִׁיחַ (ז)
capacité (f) du disque dur	'nefax disk ka'ʃiax	נֶפַח דִּיסְק קָשִׁיחַ (ז)
mémoire (f)	zikaron	זִיכָּרוֹן (ז)
mémoire (f) vive	zikaron giʃa akra'it	זִיכָּרוֹן גִּישָׁה אַקְרָאִית (ז)
fichier (m)	'kovets	קוֹבֶץ (ז)
dossier (m)	tikiya	תִּיקִיָּה (נ)
ouvrir (vt)	lif'toax	לִפְתּוֹחַ
fermer (vt)	lisgor	לִסְגּוֹר
sauvegarder (vt)	liʃmor	לִשְׁמוֹר
supprimer (vt)	limxok	לִמְחוֹק
copier (vt)	leha'atik	לְהַעְתִּיק
trier (vt)	lemayen	לְמַיֵּן
copier (vt)	leha'avir	לְהַעֲבִיר
programme (m)	toxna	תּוֹכְנָה (נ)
logiciel (m)	toxna	תּוֹכְנָה (נ)
programmeur (m)	metaxnet	מְתַכְנֵת (ז)
programmer (vt)	letaxnet	לְתַכְנֵת
hacker (m)	'haker	הָאקֶר (ז)
mot (m) de passe	sisma	סִיסְמָה (נ)
virus (m)	'virus	וִירוּס (ז)
découvrir (détecter)	limtso, le'ater	לִמְצוֹא, לְאַתֵּר
bit (m)	bait	בַּיְט (ז)

mégabit (m)	megabait	מֶגָבַּיְט (ז)
données (f pl)	netunim	נְתוּנִים (ז"ר)
base (f) de données	bsis netunim	בָּסִיס נְתוּנִים (ז)

câble (m)	'kevel	כֶּבֶל (ז)
déconnecter (vt)	lenatek	לְנַתֵּק
connecter (vt)	leχaber	לְחַבֵּר

102. L'Internet. Le courrier électronique

Internet (m)	'internet	אִינְטֶרְנֶט (ז)
navigateur (m)	dafdefan	דַפְדְפָן (ז)
moteur (m) de recherche	ma'no'a χipus	מָנוֹעַ חִיפּוּשׂ (ז)
fournisseur (m) d'accès	sapak	סַפָּק (ז)

administrateur (m) de site	menahel ha'atar	מְנַהֵל הָאָתָר (ז)
site (m) web	atar	אָתָר (ז)
page (f) web	daf 'internet	דַף אִינְטֶרְנֶט (ז)

| adresse (f) | 'ktovet | כְּתוֹבֶת (נ) |
| carnet (m) d'adresses | 'sefer ktovot | סֵפֶר כְּתוֹבוֹת (ז) |

boîte (f) de réception	teivat 'do'ar	תֵּיבַת דוֹאַר (נ)
courrier (m)	'do'ar, 'do'al	דוֹאַר (ז), דוֹא"ל (ז)
pleine (adj)	gaduʃ	גָדוּשׁ

message (m)	hoda'a	הוֹדָעָה (נ)
messages (pl) entrants	hoda'ot niχnasot	הוֹדָעוֹת נִכְנָסוֹת (נ"ר)
messages (pl) sortants	hoda'ot yots'ot	הוֹדָעוֹת יוֹצְאוֹת (נ"ר)
expéditeur (m)	ʃo'leaχ	שׁוֹלֵחַ (ז)
envoyer (vt)	liʃ'loaχ	לִשְׁלוֹחַ
envoi (m)	ʃliχa	שְׁלִיחָה (נ)
destinataire (m)	nim'an	נִמְעָן (ז)
recevoir (vt)	lekabel	לְקַבֵּל

| correspondance (f) | hitkatvut | הִתְכַּתְּבוּת (נ) |
| être en correspondance | lehitkatev | לְהִתְכַּתֵּב |

fichier (m)	'kovets	קוֹבֶץ (ז)
télécharger (vt)	lehorid	לְהוֹרִיד
créer (vt)	litsor	לִיצוֹר
supprimer (vt)	limχok	לִמְחוֹק
supprimé (adj)	maχuk	מָחוּק

connexion (f) (ADSL, etc.)	χibur	חִיבּוּר (ז)
vitesse (f)	mehirut	מְהִירוּת (נ)
modem (m)	'modem	מוֹדֶם (ז)
accès (m)	giʃa	גִישָׁה (נ)
port (m)	port	פּוֹרְט (ז)

connexion (f) (établir la ~)	χibur	חִיבּוּר (ז)
se connecter à …	lehitχaber	לְהִתְחַבֵּר
sélectionner (vt)	livχor	לִבְחוֹר
rechercher (vt)	leχapes	לְחַפֵּשׂ

103. L'électricité

électricité (f)	ḫaʃmal	חַשְׁמַל (ז)
électrique (adj)	ḫaʃmali	חַשְׁמַלִי
centrale (f) électrique	taḫanat 'koaḫ	תַחֲנַת כּוֹחַ (נ)
énergie (f)	e'nergya	אֶנֶרְגִיָה (נ)
énergie (f) électrique	e'nergya ḫaʃmalit	אֶנֶרְגִיָה חַשְׁמַלִית (נ)
ampoule (f)	nura	נוּרָה (נ)
torche (f)	panas	פָּנָס (ז)
réverbère (m)	panas reḫov	פָּנָס רְחוֹב (ז)
lumière (f)	or	אוֹר (ז)
allumer (vt)	lehadlik	לְהַדְלִיק
éteindre (vt)	leḫabot	לְכַבּוֹת
éteindre la lumière	leḫabot	לְכַבּוֹת
être grillé	lehisaref	לְהִישָׂרֵף
court-circuit (m)	'ketser	קָצֶר (ז)
rupture (f)	ḫut ka'ru'a	חוּט קָרוּעַ (ז)
contact (m)	maga	מַגָע (ז)
interrupteur (m)	'meteg	מֶתֶג (ז)
prise (f)	'ʃeka	שֶׁקַע (ז)
fiche (f)	'teka	תֶקַע (ז)
rallonge (f)	'kabel ma'ariḫ	כַּבֶּל מַאֲרִיךְ (ז)
fusible (m)	natiḫ	נָתִיךְ (ז)
fil (m)	ḫut	חוּט (ז)
installation (f) électrique	ḫivut	חִיווּט (ז)
ampère (m)	amper	אַמְפֶּר (ז)
intensité (f) du courant	'zerem ḫaʃmali	זֶרֶם חַשְׁמַלִי (ז)
volt (m)	volt	ווֹלְט (ז)
tension (f)	'metaḫ	מֶתַח (ז)
appareil (m) électrique	maḫʃir ḫaʃmali	מַכְשִׁיר חַשְׁמַלִי (ז)
indicateur (m)	maḫvan	מַחווָן (ז)
électricien (m)	ḫaʃmalai	חַשְׁמַלַאי (ז)
souder (vt)	lehalḫim	לְהַלְחִים
fer (m) à souder	malḫem	מַלְחֵם (ז)
courant (m)	'zerem	זֶרֶם (ז)

104. Les outils

outil (m)	kli	כְּלִי (ז)
outils (m pl)	klei avoda	כְּלֵי עֲבוֹדָה (ז"ר)
équipement (m)	tsiyud	צִיוּד (ז)
marteau (m)	patiʃ	פַּטִישׁ (ז)
tournevis (m)	mavreg	מַבְרֵג (ז)
hache (f)	garzen	גַרְזֶן (ז)

scie (f)	masor	מַסוֹר (ז)
scier (vt)	lenaser	לְנַסֵּר
rabot (m)	maktso'a	מַקְצוּעָה (נ)
raboter (vt)	lehak'tsi'a	לְהַקְצִיעַ
fer (m) à souder	malxem	מַלְחֵם (ז)
souder (vt)	lehalxim	לְהַלְחִים
lime (f)	ptsira	פְּצִירָה (נ)
tenailles (f pl)	tsvatot	צְבָתוֹת (נ״ר)
pince (f) plate	mel'kaxat	מֶלְקַחַת (נ)
ciseau (m)	izmel	אִזְמֵל (ז)
foret (m)	mak'deax	מַקְדֵּחַ (ז)
perceuse (f)	makdexa	מַקְדֵּחָה (נ)
percer (vt)	lik'doax	לִקְדּוֹחַ
couteau (m)	sakin	סַכִּין (ז, נ)
canif (m)	olar	אוֹלָר (ז)
lame (f)	'lahav	לַהַב (ז)
bien affilé (adj)	xad	חַד
émoussé (adj)	kehe	קֵהֶה
s'émousser (vp)	lehitkahot	לְהִתְקַהוֹת
affiler (vt)	lehaʃxiz	לְהַשְׁחִיז
boulon (m)	'boreg	בּוֹרֶג (ז)
écrou (m)	om	אוֹם (ז)
filetage (m)	tavrig	תַּבְרִיג (ז)
vis (f) à bois	'boreg	בּוֹרֶג (ז)
clou (m)	masmer	מַסְמֵר (ז)
tête (f) de clou	roʃ hamasmer	רֹאשׁ הַמַּסְמֵר (ז)
règle (f)	sargel	סַרְגֵּל (ז)
mètre (m) à ruban	'seret meida	סֶרֶט מִידָה (ז)
niveau (m) à bulle	'peles	פֶּלֶס (ז)
loupe (f)	zxuxit mag'delet	זְכוּכִית מַגְדֶּלֶת (נ)
appareil (m) de mesure	maxʃir medida	מַכְשִׁיר מְדִידָה (ז)
mesurer (vt)	limdod	לִמְדוֹד
échelle (f) (~ métrique)	'skala	סְקָאלָה (נ)
relevé (m)	medida	מְדִידָה (נ)
compresseur (m)	madxes	מַדְחֵס (ז)
microscope (m)	mikroskop	מִיקְרוֹסְקוֹפּ (ז)
pompe (f)	maʃeva	מַשְׁאֵבָה (נ)
robot (m)	robot	רוֹבּוֹט (ז)
laser (m)	'leizer	לֵייזֶר (ז)
clé (f) de serrage	maf'teax bragim	מַפְתֵּחַ בְּרָגִים (ז)
ruban (m) adhésif	neyar 'devek	נְיָיר דֶּבֶק (ז)
colle (f)	'devek	דֶּבֶק (ז)
papier (m) d'émeri	neyar zxuxit	נְיָיר זְכוּכִית (ז)
ressort (m)	kfits	קְפִיץ (ז)

aimant (m)	magnet	מַגְנֵט (ז)
gants (m pl)	kfafot	כְּפָפוֹת (נ"ר)
corde (f)	'xevel	חֶבֶל (ז)
cordon (m)	srox	שְׂרוֹךְ (ז)
fil (m) (~ électrique)	xut	חוּט (ז)
câble (m)	'kevel	כֶּבֶל (ז)
masse (f)	kurnas	קוּרְנָס (ז)
pic (m)	lom	לוֹם (ז)
escabeau (m)	sulam	סוּלָם (ז)
échelle (f) double	sulam	סוּלָם (ז)
visser (vt)	lehavrig	לְהַבְרִיג
dévisser (vt)	lif'toax, lehavrig	לִפְתּוֹחַ, לְהַבְרִיג
serrer (vt)	lehadek	לְהַדֵק
coller (vt)	lehadbik	לְהַדְבִּיק
couper (vt)	laxtox	לַחְתּוֹךְ
défaut (m)	takala	תַקָלָה (נ)
réparation (f)	tikun	תִיקוּן (ז)
réparer (vt)	letaken	לְתַקֵן
régler (vt)	lexavnen	לְכַוְונֵן
vérifier (vt)	livdok	לִבְדוֹק
vérification (f)	bdika	בְּדִיקָה (נ)
relevé (m)	kri'a	קְרִיאָה (נ)
fiable (machine ~)	amin	אָמִין
complexe (adj)	murkav	מוּרְכָּב
rouiller (vi)	lehaxlid	לְהַחְלִיד
rouillé (adj)	xalud	חָלוּד
rouille (f)	xaluda	חֲלוּדָה (נ)

Les transports

105. L'avion

avion (m)	matos	מָטוֹס (ז)
billet (m) d'avion	kartis tisa	כַּרְטִיס טִיסָה (ז)
compagnie (f) aérienne	xevrat te'ufa	חֶבְרַת תְּעוּפָה (נ)
aéroport (m)	nemal te'ufa	נְמַל תְּעוּפָה (ז)
supersonique (adj)	al koli	עַל קוֹלִי
commandant (m) de bord	kabarnit	קַבַּרְנִיט (ז)
équipage (m)	'tsevet	צֶוֶת (ז)
pilote (m)	tayas	טַיָּיס (ז)
hôtesse (f) de l'air	da'yelet	דַּיֶּילֶת (נ)
navigateur (m)	navat	נַוָּט (ז)
ailes (f pl)	kna'fayim	כְּנָפַיִים (נ"ר)
queue (f)	zanav	זָנָב (ז)
cabine (f)	'kokpit	קוֹקְפִּיט (ז)
moteur (m)	ma'no'a	מָנוֹעַ (ז)
train (m) d'atterrissage	kan nesi'a	כַּן נְסִיעָה (ז)
turbine (f)	tur'bina	טוּרְבִּינָה (נ)
hélice (f)	madxef	מַדְחֵף (ז)
boîte (f) noire	kufsa ʃxora	קוּפְסָה שְׁחוֹרָה (נ)
gouvernail (m)	'hege	הֶגֶה (ז)
carburant (m)	'delek	דֶּלֶק (ז)
consigne (f) de sécurité	hora'ot betixut	הוֹרָאוֹת בְּטִיחוּת (נ"ר)
masque (m) à oxygène	masexat xamtsan	מַסֵּכַת חַמְצָן (נ)
uniforme (m)	madim	מַדִּים (ז"ר)
gilet (m) de sauvetage	xagorat hatsala	חֲגוֹרַת הַצָּלָה (נ)
parachute (m)	mitsnax	מִצְנָח (ז)
décollage (m)	hamra'a	הַמְרָאָה (נ)
décoller (vi)	lehamri	לְהַמְרִיא
piste (f) de décollage	maslul hamra'a	מַסְלוּל הַמְרָאָה (ז)
visibilité (f)	re'ut	רְאוּת (נ)
vol (m) (~ d'oiseau)	tisa	טִיסָה (נ)
altitude (f)	'gova	גּוֹבַהּ (ז)
trou (m) d'air	kis avir	כִּיס אֲוִויר (ז)
place (f)	moʃav	מוֹשָׁב (ז)
écouteurs (m pl)	ozniyot	אוֹזְנִיּוֹת (נ"ר)
tablette (f)	magaʃ mitkapel	מַגָּשׁ מִתְקַפֵּל (ז)
hublot (m)	tsohar	צוֹהַר (ז)
couloir (m)	ma'avar	מַעֲבָר (ז)

106. Le train

train (m)	ra'kevet	רַכֶּבֶת (נ)
train (m) de banlieue	ra'kevet parvarim	רַכֶּבֶת פַּרבָּרִים (נ)
TGV (m)	ra'kevet mehira	רַכֶּבֶת מְהִירָה (נ)
locomotive (f) diesel	katar 'dizel	קָטָר דִיזָל (ז)
locomotive (f) à vapeur	katar	קָטָר (ז)
wagon (m)	karon	קָרוֹן (ז)
wagon-restaurant (m)	kron mis'ada	קרוֹן מִסעָדָה (ז)
rails (m pl)	mesilot	מְסִילוֹת (נ״ר)
chemin (m) de fer	mesilat barzel	מְסִילַת בַּרזֶל (נ)
traverse (f)	'eden	אֶדֶן (ז)
quai (m)	ratsif	רָצִיף (ז)
voie (f)	mesila	מְסִילָה (נ)
sémaphore (m)	ramzor	רַמזוֹר (ז)
station (f)	taxana	תַחֲנָה (נ)
conducteur (m) de train	nahag ra'kevet	נֶהָג רַכֶּבֶת (ז)
porteur (m)	sabal	סַבָּל (ז)
steward (m)	sadran ra'kevet	סַדרָן רַכֶּבֶת (ז)
passager (m)	no'se'a	נוֹסֵעַ (ז)
contrôleur (m) de billets	bodek	בּוֹדֵק (ז)
couloir (m)	prozdor	פּרוֹזדוֹר (ז)
frein (m) d'urgence	ma'atsar xirum	מַעֲצָר חִירוּם (ז)
compartiment (m)	ta	תָא (ז)
couchette (f)	dargaʃ	דַרגָש (ז)
couchette (f) d'en haut	dargaʃ elyon	דַרגָש עֶליוֹן (ז)
couchette (f) d'en bas	dargaʃ taxton	דַרגָש תַחתוֹן (ז)
linge (m) de lit	matsa'im	מַצָעִים (ז״ר)
ticket (m)	kartis	כַּרטִיס (ז)
horaire (m)	'luax zmanim	לוּחַ זמַנִים (ז)
tableau (m) d'informations	ʃelet meida	שֶׁלֶט מֵידָע (ז)
partir (vi)	latset	לָצֵאת
départ (m) (du train)	yetsi'a	יְצִיאָה (נ)
arriver (le train)	leha'gi'a	לְהַגִיעַ
arrivée (f)	haga'a	הַגָעָה (נ)
arriver en train	leha'gi'a bera'kevet	לְהַגִיעַ בְּרַכֶּבֶת
prendre le train	la'alot lera'kevet	לַעֲלוֹת לְרַכֶּבֶת
descendre du train	la'redet mehara'kevet	לָרֶדֶת מֵהָרַכֶּבֶת
accident (m) ferroviaire	hitraskut	הִתרַסקוּת (נ)
dérailler (vi)	la'redet mipasei ra'kevet	לָרֶדֶת מִפַּסֵי רַכֶּבֶת
locomotive (f) à vapeur	katar	קָטָר (ז)
chauffeur (m)	masik	מַסִיק (ז)
chauffe (f)	kivʃan	כִּבשָן (ז)
charbon (m)	pexam	פֶּחָם (ז)

107. Le bateau

bateau (m)	sfina	סְפִינָה (נ)
navire (m)	sfina	סְפִינָה (נ)
bateau (m) à vapeur	oniyat kitor	אוֹנִיַּית קִיטוֹר (נ)
paquebot (m)	sfinat nahar	סְפִינַת נָהָר (נ)
bateau (m) de croisière	oniyat ta'anugot	אוֹנִיַּית תַּעֲנוּגוֹת (נ)
croiseur (m)	sa'yeret	סַיֶּרֶת (נ)
yacht (m)	'yaxta	יַכְטָה (נ)
remorqueur (m)	go'reret	גּוֹרֶרֶת (נ)
péniche (f)	arba	אַרְבָּה (נ)
ferry (m)	ma'a'boret	מַעֲבּוֹרֶת (נ)
voilier (m)	sfinat mifras	סְפִינַת מִפְרָשׂ (נ)
brigantin (m)	briganit	בְּרִיגָנִית (נ)
brise-glace (m)	ʃo'veret 'kerax	שׁוֹבֶרֶת קֶרַח (נ)
sous-marin (m)	tso'lelet	צוֹלֶלֶת (נ)
canot (m) à rames	sira	סִירָה (נ)
dinghy (m)	sira	סִירָה (נ)
canot (m) de sauvetage	sirat hatsala	סִירַת הַצָּלָה (נ)
canot (m) à moteur	sirat ma'no'a	סִירַת מָנוֹעַ (נ)
capitaine (m)	rav xovel	רַב־חוֹבֵל (ז)
matelot (m)	malax	מַלָּח (ז)
marin (m)	yamai	יַמַּאי (ז)
équipage (m)	'tsevet	צֶוֶת (ז)
maître (m) d'équipage	rav malaxim	רַב־מַלָּחִים (ז)
mousse (m)	'na'ar sipun	נַעַר סִיפּוּן (ז)
cuisinier (m) du bord	tabax	טַבָּח (ז)
médecin (m) de bord	rofe ha'oniya	רוֹפֵא הָאוֹנִיָּה (ז)
pont (m)	sipun	סִיפּוּן (ז)
mât (m)	'toren	תּוֹרֶן (ז)
voile (f)	mifras	מִפְרָשׂ (ז)
cale (f)	'beten oniya	בֶּטֶן אוֹנִיָּה (נ)
proue (f)	xartom	חַרְטוֹם (ז)
poupe (f)	yarketei hasfina	יַרְכְּתֵי הַסְּפִינָה (ז"ר)
rame (f)	maʃot	מָשׁוֹט (ז)
hélice (f)	madxef	מַדְחֵף (ז)
cabine (f)	ta	תָּא (ז)
carré (m) des officiers	mo'adon ktsinim	מוֹעֲדוֹן קְצִינִים (ז)
salle (f) des machines	xadar mexonot	חֲדַר מְכוֹנוֹת (ז)
passerelle (f)	'geʃer hapikud	גֶּשֶׁר הַפִּיקּוּד (ז)
cabine (f) de T.S.F.	ta alxutan	תָּא אַלְחוּטָן (ז)
onde (f)	'teder	תֶּדֶר (ז)
journal (m) de bord	yoman ha'oniya	יוֹמַן הָאוֹנִיָּה (ז)
longue-vue (f)	miʃ'kefet	מִשְׁקֶפֶת (נ)
cloche (f)	pa'amon	פַּעֲמוֹן (ז)

pavillon (m)	'degel	דֶּגֶל (ז)
grosse corde (f) tressée	avot ha'oniya	עֲבוֹת הָאֳונִיָּה (נ)
nœud (m) marin	'keʃer	קֶשֶׁר (ז)
rampe (f)	ma'ake hasipun	מַעֲקֵה הַסִּיפּוּן (ז)
passerelle (f)	'keveʃ	כֶּבֶשׁ (ז)
ancre (f)	'ogen	עוֹגֶן (ז)
lever l'ancre	leharim 'ogen	לְהָרִים עוֹגֶן
jeter l'ancre	la'agon	לַעֲגוֹן
chaîne (f) d'ancrage	ʃar'ʃeret ha'ogen	שַׁרְשֶׁרֶת הָעוֹגֶן (נ)
port (m)	namal	נָמֵל (ז)
embarcadère (m)	'mezax	מֵזַח (ז)
accoster (vi)	la'agon	לַעֲגוֹן
larguer les amarres	lehaflig	לְהַפְלִיג
voyage (m) (à l'étranger)	masa, tiyul	מַסָּע (ז), טִיּוּל (ז)
croisière (f)	'ʃayit	שַׁיִט (ז)
cap (m) (suivre un ~)	kivun	כִּיווּן (ז)
itinéraire (m)	nativ	נָתִיב (ז)
chenal (m)	nativ 'ʃayit	נְתִיב שַׁיִט (ז)
bas-fond (m)	sirton	שִׂרְטוֹן (ז)
échouer sur un bas-fond	la'alot al hasirton	לַעֲלוֹת עַל הַשִּׂרְטוֹן
tempête (f)	sufa	סוּפָה (נ)
signal (m)	ot	אוֹת (ז)
sombrer (vi)	lit'bo'a	לִטְבּוֹעַ
Un homme à la mer!	adam ba'mayim!	אָדָם בַּמַּיִם!
SOS (m)	kri'at hatsala	קְרִיאַת הַצָּלָה
bouée (f) de sauvetage	galgal hatsala	גַּלְגַּל הַצָּלָה (ז)

108. L'aéroport

aéroport (m)	nemal te'ufa	נְמַל תְּעוּפָה (ז)
avion (m)	matos	מָטוֹס (ז)
compagnie (f) aérienne	xevrat te'ufa	חֶבְרַת תְּעוּפָה (נ)
contrôleur (m) aérien	bakar tisa	בַּקָּר טִיסָה (ז)
départ (m)	hamra'a	הַמְרָאָה (נ)
arrivée (f)	nexita	נְחִיתָה (נ)
arriver (par avion)	leha'gi'a betisa	לְהַגִּיעַ בְּטִיסָה
temps (m) de départ	zman hamra'a	זְמַן הַמְרָאָה (ז)
temps (m) d'arrivée	zman nexita	זְמַן נְחִיתָה (ז)
être retardé	lehit'akev	לְהִתְעַכֵּב
retard (m) de l'avion	ikuv hatisa	עִיכּוּב הַטִּיסָה (ז)
tableau (m) d'informations	'luax meida	לוּחַ מֵידָע (ז)
information (f)	meida	מֵידָע (ז)
annoncer (vt)	leho'dia	לְהוֹדִיעַ
vol (m)	tisa	טִיסָה (נ)

douane (f)	'mexes	מֶכֶס (ז)
douanier (m)	pakid 'mexes	פְּקִיד מֶכֶס (ז)
déclaration (f) de douane	hatsharat mexes	הַצהָרַת מֶכֶס (נ)
remplir (vt)	lemale	לְמַלֵּא
remplir la déclaration	lemale 'tofes hatshara	לְמַלֵּא טוֹפֶס הַצהָרָה
contrôle (m) de passeport	bdikat darkonim	בּדִיקַת דַרכּוֹנִים (נ)
bagage (m)	kvuda	כְּבוּדָה (נ)
bagage (m) à main	kvudat yad	כְּבוּדַת יָד (נ)
chariot (m)	eglat kvuda	עֶגלַת כְּבוּדָה (נ)
atterrissage (m)	nexita	נְחִיתָה (נ)
piste (f) d'atterrissage	maslul nexita	מַסלוּל נְחִיתָה (ז)
atterrir (vi)	linxot	לִנחוֹת
escalier (m) d'avion	'kevef	כֶּבֶשׁ (ז)
enregistrement (m)	tʃek in	צֶ'ק אִין (ז)
comptoir (m) d'enregistrement	dalpak tʃek in	דַלפַּק צֶ'ק אִין (ז)
s'enregistrer (vp)	leva'tse'a tʃek in	לְבַצֵּעַ צֶ'ק אִין
carte (f) d'embarquement	kartis aliya lematos	כַּרטִיס עֲלִיָּה לְמָטוֹס (ז)
porte (f) d'embarquement	'ʃa'ar yetsi'a	שַׁעַר יְצִיאָה (ז)
transit (m)	ma'avar	מַעֲבָר (ז)
attendre (vt)	lehamtin	לְהַמתִּין
salle (f) d'attente	traklin tisa	טְרַקלִין טִיסָה (ז)
raccompagner (à l'aéroport, etc.)	lelavot	לְלַוּוֹת
dire au revoir	lomar lehitra'ot	לוֹמַר לְהִתרָאוֹת

Les grands événements de la vie

109. Les fêtes et les événements

fête (f)	χagiga	חֲגִיגָה (נ)
fête (f) nationale	χag le'umi	חַג לְאוּמִי (ז)
jour (m) férié	yom χag	יוֹם חַג (ז)
fêter (vt)	laχgog	לַחְגוֹג
événement (m) (~ du jour)	hitraχaʃut	הִתְכַחֲשׁוּת (נ)
événement (m) (soirée, etc.)	ei'ru'a	אֵירוּעַ (ז)
banquet (m)	se'uda χagigit	סְעוּדָה חֲגִיגִית (נ)
réception (f)	ei'ruaχ	אֵירוּחַ (ז)
festin (m)	miʃte	מִשְׁתֶה (ז)
anniversaire (m)	yom haʃana	יוֹם הַשָׁנָה (ז)
jubilé (m)	χag hayovel	חַג הַיוֹבֵל (ז)
célébrer (vt)	laχgog	לַחְגוֹג
Nouvel An (m)	ʃana χadaʃa	שָׁנָה חֲדָשָׁה (נ)
Bonne année!	ʃana tova!	שָׁנָה טוֹבָה!
Père Noël (m)	'santa 'kla'us	סַנְטָה קְלָאוּס
Noël (m)	χag hamolad	חַג הַמוֹלָד (ז)
Joyeux Noël!	χag hamolad sa'meaχ!	חַג הַמוֹלָד שָׂמֵחַ!
arbre (m) de Noël	ets χag hamolad	עֵץ חַג הַמוֹלָד (ז)
feux (m pl) d'artifice	zikukim	זִיקוּקִים (ז״ר)
mariage (m)	χatuna	חֲתוּנָה (נ)
fiancé (m)	χatan	חָתָן (ז)
fiancée (f)	kala	כַּלָה (נ)
inviter (vt)	lehazmin	לְהַזְמִין
lettre (f) d'invitation	hazmana	הַזְמָנָה (נ)
invité (m)	o'reaχ	אוֹרֵחַ (ז)
visiter (~ les amis)	levaker	לְבַקֵר
accueillir les invités	lekabel orχim	לְקַבֵּל אוֹרְחִים
cadeau (m)	matana	מַתָנָה (נ)
offrir (un cadeau)	latet matana	לָתֵת מַתָנָה
recevoir des cadeaux	lekabel matanot	לְקַבֵּל מַתָנוֹת
bouquet (m)	zer	זֵר (ז)
félicitations (f pl)	braχa	בְּרָכָה (נ)
féliciter (vt)	levareχ	לְבָרֵךְ
carte (f) de veux	kartis braχa	כַּרְטִיס בְּרָכָה (ז)
envoyer une carte	liʃ'loaχ gluya	לִשְׁלוֹחַ גְלוּיָה
recevoir une carte	lekabel gluya	לְקַבֵּל גְלוּיָה

toast (m)	leharim kosit	לְהָרִים כּוֹסִית
offrir (un verre, etc.)	lexabed	לְכַבֵּד
champagne (m)	ʃam'panya	שַׁמְפַּנְיָה (נ)
s'amuser (vp)	lehanot	לֵיהָנוֹת
gaieté (f)	alitsut	עֲלִיצוּת (נ)
joie (f) (émotion)	simxa	שִׂמְחָה (נ)
danse (f)	rikud	רִיקוּד (ז)
danser (vi, vt)	lirkod	לִרְקוֹד
valse (f)	vals	וַלְס (ז)
tango (m)	'tango	טַנְגּוֹ (ז)

110. L'enterrement. Le deuil

cimetière (m)	beit kvarot	בֵּית קְבָרוֹת (ז)
tombe (f)	'kever	קֶבֶר (ז)
croix (f)	tslav	צְלָב (ז)
pierre (f) tombale	matseva	מַצֵּבָה (נ)
clôture (f)	gader	גָּדֵר (נ)
chapelle (f)	beit tfila	בֵּית תְּפִילָה (ז)
mort (f)	'mavet	מָוֶת (ז)
mourir (vi)	lamut	לָמוּת
défunt (m)	niftar	נִפְטָר (ז)
deuil (m)	'evel	אֵבֶל (ז)
enterrer (vt)	likbor	לִקְבּוֹר
maison (f) funéraire	beit levayot	בֵּית לְוָיוֹת (ז)
enterrement (m)	levaya	לְוָיָה (נ)
couronne (f)	zer	זֵר (ז)
cercueil (m)	aron metim	אֲרוֹן מֵתִים (ז)
corbillard (m)	kron hamet	קְרוֹן הַמֵּת (ז)
linceul (m)	taxrixim	תַּכְרִיכִים (ז״ר)
cortège (m) funèbre	tahaluxat 'evel	תַּהֲלוּכַת אֵבֶל (נ)
urne (f) funéraire	kad 'efer	כַּד אֵפֶר (ז)
crématoire (m)	misrafa	מִשְׂרָפָה (נ)
nécrologue (m)	moda'at 'evel	מוֹדָעַת אֵבֶל (נ)
pleurer (vi)	livkot	לִבְכּוֹת
sangloter (vi)	lehitya'peax	לְהִתְיַפַּח

111. La guerre. Les soldats

section (f)	maxlaka	מַחְלָקָה (נ)
compagnie (f)	pluga	פְּלוּגָה (נ)
régiment (m)	xativa	חֲטִיבָה (נ)
armée (f)	tsava	צָבָא (ז)
division (f)	ugda	אוּגְדָּה (נ)

détachement (m)	kita	כִּיתָה (נ)
armée (f) (Moyen Âge)	'xayil	חַיִל (ז)
soldat (m) (un militaire)	xayal	חַיָּיל (ז)
officier (m)	katsin	קָצִין (ז)
soldat (m) (grade)	turai	טוּרָאי (ז)
sergent (m)	samal	סַמָּל (ז)
lieutenant (m)	'segen	סֶגֶן (ז)
capitaine (m)	'seren	סֶרֶן (ז)
commandant (m)	rav 'seren	רַב־סֶרֶן (ז)
colonel (m)	aluf miʃne	אַלּוּף מִשְׁנֶה (ז)
général (m)	aluf	אַלּוּף (ז)
marin (m)	yamai	יַמַּאי (ז)
capitaine (m)	rav xovel	רַב־חוֹבֵל (ז)
maître (m) d'équipage	rav malaxim	רַב־מַלָּחִים (ז)
artilleur (m)	totxan	תּוֹתְחָן (ז)
parachutiste (m)	tsanxan	צַנְחָן (ז)
pilote (m)	tayas	טַיָּיס (ז)
navigateur (m)	navat	נַוָּט (ז)
mécanicien (m)	mexonai	מְכוֹנַאי (ז)
démineur (m)	xablan	חַבְּלָן (ז)
parachutiste (m)	tsanxan	צַנְחָן (ז)
éclaireur (m)	iʃ modi'in kravi	אִישׁ מוֹדִיעִין קְרָבִי (ז)
tireur (m) d'élite	tsalaf	צַלָּף (ז)
patrouille (f)	siyur	סִיוּר (ז)
patrouiller (vi)	lefatrel	לְפַטְרֵל
sentinelle (f)	zakif	זָקִיף (ז)
guerrier (m)	loxem	לוֹחֵם (ז)
patriote (m)	patriyot	פַּטְרִיוֹט (ז)
héros (m)	gibor	גִּיבּוֹר (ז)
héroïne (f)	gibora	גִּיבּוֹרָה (נ)
traître (m)	boged	בּוֹגֵד (ז)
trahir (vt)	livgod	לִבְגּוֹד
déserteur (m)	arik	עָרִיק (ז)
déserter (vt)	la'arok	לַעֲרוֹק
mercenaire (m)	sxir 'xerev	שְׂכִיר חֶרֶב (ז)
recrue (f)	tiron	טִירוֹן (ז)
volontaire (m)	mitnadev	מִתְנַדֵּב (ז)
mort (m)	harug	הָרוּג (ז)
blessé (m)	pa'tsu'a	פָּצוּעַ (ז)
prisonnier (m) de guerre	ʃavui	שָׁבוּי (ז)

112. La guerre. Partie 1

guerre (f)	milxama	מִלְחָמָה (נ)
faire la guerre	lehilaxem	לְהִילָחֵם

guerre (f) civile	mil'χemet ezraχim	מִלְחֶמֶת אֶזְרָחִים (נ)
perfidement (adv)	bogdani	בּוֹגְדָנִי
déclaration (f) de guerre	haχrazat milχama	הַכְרָזַת מִלְחָמָה (נ)
déclarer (la guerre)	lehaχriz	לְהַכְרִיז
agression (f)	tokfanut	תּוֹקְפָנוּת (נ)
attaquer (~ un pays)	litkof	לִתְקוֹף
envahir (vt)	liχboʃ	לִכְבּוֹשׁ
envahisseur (m)	koveʃ	כּוֹבֵשׁ (ז)
conquérant (m)	koveʃ	כּוֹבֵשׁ (ז)
défense (f)	hagana	הֲגָנָה (נ)
défendre (vt)	lehagen al	לְהָגֵן עַל
se défendre (vp)	lehitgonen	לְהִתְגּוֹנֵן
ennemi (m)	oyev	אוֹיֵב (ז)
adversaire (m)	yariv	יָרִיב (ז)
ennemi (adj) (territoire ~)	ʃel oyev	שֶׁל אוֹיֵב
stratégie (f)	astra'tegya	אַסְטְרָטֶגְיָה (נ)
tactique (f)	'taktika	טַקְטִיקָה (נ)
ordre (m)	pkuda	פְּקוּדָה (נ)
commande (f)	pkuda	פְּקוּדָה (נ)
ordonner (vt)	lifkod	לִפְקוֹד
mission (f)	mesima	מְשִׂימָה (נ)
secret (adj)	sodi	סוֹדִי
bataille (f)	ma'araχa	מַעֲרָכָה (נ)
combat (m)	krav	קְרָב (ז)
attaque (f)	hatkafa	הַתְקָפָה (נ)
assaut (m)	hista'arut	הִסְתָּעֲרוּת (נ)
prendre d'assaut	lehista'er	לְהִסְתָּעֵר
siège (m)	matsor	מָצוֹר (ז)
offensive (f)	mitkafa	מִתְקָפָה (נ)
passer à l'offensive	latset lemitkafa	לָצֵאת לְמִתְקָפָה
retraite (f)	nesiga	נְסִיגָה (נ)
faire retraite	la'seget	לָסֶגֶת
encerclement (m)	kitur	כִּיתּוּר (ז)
encercler (vt)	leχater	לְכַתֵּר
bombardement (m)	haftsatsa	הַפְצָצָה (נ)
lancer une bombe	lehatil ptsatsa	לְהָטִיל פְּצָצָה
bombarder (vt)	lehaftsits	לְהַפְצִיץ
explosion (f)	pitsuts	פִּיצוּץ (ז)
coup (m) de feu	yeriya	יְרִיָּה (נ)
tirer un coup de feu	lirot	לִירוֹת
fusillade (f)	'yeri	יְרִי (ז)
viser ... (cible)	leχaven 'neʃek	לְכַוֵּון נֶשֶׁק
pointer (sur ...)	leχaven	לְכַוֵּון

atteindre (cible)	lik'lo'a	לִקְלוֹעַ
faire sombrer	lehat'bi'a	לְהַטְבִּיעַ
trou (m) (dans un bateau)	pirtsa	פִּרְצָה (נ)
sombrer (navire)	lit'bo'a	לִטְבּוֹעַ
front (m)	χazit	חֲזִית (נ)
évacuation (f)	pinui	פִּינוּי (ז)
évacuer (vt)	lefanot	לְפַנּוֹת
tranchée (f)	te'ala	תְּעָלָה (נ)
barbelés (m pl)	'tayil dokrani	תַּיִל דּוֹקְרָנִי (ז)
barrage (m) (~ antichar)	maχsom	מַחְסוֹם (ז)
tour (f) de guet	migdal ʃmira	מִגְדַּל שְׁמִירָה (ז)
hôpital (m)	beit χolim tsva'i	בֵּית חוֹלִים צְבָאִי (ז)
blesser (vt)	lif'tso'a	לִפְצוֹעַ
blessure (f)	'petsa	פֶּצַע (ז)
blessé (m)	pa'tsu'a	פָּצוּעַ (ז)
être blessé	lehipatsa	לְהִיפָּצַע
grave (blessure)	kaʃe	קָשֶׁה

113. La guerre. Partie 2

captivité (f)	ʃevi	שְׁבִי (ז)
captiver (vt)	la'kaχat be'ʃevi	לָקַחַת בְּשְׁבִי
être prisonnier	lihyot be'ʃevi	לִהְיוֹת בְּשְׁבִי
être fait prisonnier	lipol be'ʃevi	לִיפּוֹל בַּשְּׁבִי
camp (m) de concentration	maχane rikuz	מַחֲנֵה רִיכּוּז (ז)
prisonnier (m) de guerre	ʃavui	שָׁבוּי (ז)
s'enfuir (vp)	liv'roaχ	לִבְרוֹחַ
trahir (vt)	livgod	לִבְגּוֹד
traître (m)	boged	בּוֹגֵד (ז)
trahison (f)	bgida	בְּגִידָה (נ)
fusiller (vt)	lehotsi la'horeg	לְהוֹצִיא לַהוֹרֵג
fusillade (f) (exécution)	hotsa'a le'horeg	הוֹצָאָה לָהוֹרֵג (נ)
équipement (m) (uniforme, etc.)	tsiyud	צִיּוּד (ז)
épaulette (f)	ko'tefet	כּוֹתֶפֶת (נ)
masque (m) à gaz	maseχat 'abaχ	מַסֵיכַת אַבָּ"ךְ (נ)
émetteur (m) radio	maχʃir 'keʃer	מַכְשִׁיר קֶשֶׁר (ז)
chiffre (m) (code)	'tsofen	צוֹפֶן (ז)
conspiration (f)	χaʃa'iut	חֲשָׁאִיּוּת (נ)
mot (m) de passe	sisma	סִיסְמָה (נ)
mine (f) terrestre	mokeʃ	מוֹקֵשׁ (ז)
miner (poser des mines)	lemakeʃ	לְמַקֵּשׁ
champ (m) de mines	sde mokʃim	שְׂדֵה מוֹקְשִׁים (ז)
alerte (f) aérienne	az'aka	אַזְעָקָה (נ)
signal (m) d'alarme	az'aka	אַזְעָקָה (נ)

signal (m)	ot	אוֹת (ז)
fusée signal (f)	zikuk az'aka	זִיקוּק אַזְעָקָה (ז)
état-major (m)	mifkada	מִפְקָדָה (נ)
reconnaissance (f)	isuf modi'in	אִיסוּף מוֹדִיעִין (ז)
situation (f)	matsav	מַצָב (ז)
rapport (m)	doχ	דוֹח (ז)
embuscade (f)	ma'arav	מַאֲרָב (ז)
renfort (m)	tig'boret	תִגְבּוֹרֶת (נ)
cible (f)	matara	מַטָרָה (נ)
polygone (m)	sde imunim	שְׂדֵה אִימוּנִים (ז)
manœuvres (f pl)	timronim	תִמְרוֹנִים (ז״ר)
panique (f)	behala	בֶּהָלָה (נ)
dévastation (f)	'heres	הֶרֶס (ז)
destructions (f pl) (ruines)	harisot	הֲרִיסוֹת (נ״ר)
détruire (vt)	laharos	לַהֲרוֹס
survivre (vi)	lisrod	לִשְׂרוֹד
désarmer (vt)	lifrok mi'nefek	לִפְרוֹק מֶנֶשֶׁק
manier (une arme)	lehiftamef be...	לְהִשְׁתַמֵש בָּ...
Garde-à-vous! Fixe!	amod dom!	עֲמוֹד דוֹם!
Repos!	amod 'noaχ!	עֲמוֹד נוֹח!
exploit (m)	ma'ase gvura	מַעֲשֵׂה גְבוּרָה (ז)
serment (m)	fvu'a	שְׁבוּעָה (נ)
jurer (de faire qch)	lehifava	לְהִישָׁבַע
décoration (f)	itur	עִיטוּר (ז)
décorer (de la médaille)	leha'anik	לְהַעֲנִיק
médaille (f)	me'dalya	מֶדַלְיָה (נ)
ordre (m) (~ du Mérite)	ot hitstainut	אוֹת הִצְטַיְינוּת (ז)
victoire (f)	nitsaχon	נִיצָחוֹן (ז)
défaite (f)	tvusa	תְבוּסָה (נ)
armistice (m)	hafsakat ef	הַפְסָקַת אֵש (נ)
drapeau (m)	'degel	דֶגֶל (ז)
gloire (f)	tehila	תְהִילָה (נ)
défilé (m)	mits'ad	מִצְעָד (ז)
marcher (défiler)	lits'od	לִצְעוֹד

114. Les armes

arme (f)	'nefek	נֶשֶׁק (ז)
armes (f pl) à feu	'nefek χam	נֶשֶׁק חַם (ז)
armes (f pl) blanches	'nefek kar	נֶשֶׁק קַר (ז)
arme (f) chimique	'nefek 'χimi	נֶשֶׁק כִימִי (ז)
nucléaire (adj)	gar'ini	גַרְעִינִי
arme (f) nucléaire	'nefek gar'ini	נֶשֶׁק גַרְעִינִי (ז)
bombe (f)	ptsatsa	פְּצָצָה (נ)

bombe (f) atomique	ptsatsa a'tomit	פְּצָצָה אָטוֹמִית (נ)
pistolet (m)	ekdaχ	אֶקְדָּח (ז)
fusil (m)	rove	רוֹבֶה (ז)
mitraillette (f)	tat mak'le'a	תַּת־מַקְלֵעַ (ז)
mitrailleuse (f)	mak'le'a	מַקְלֵעַ (ז)
bouche (f)	kane	קָנֶה (ז)
canon (m)	kane	קָנֶה (ז)
calibre (m)	ka'liber	קָלִיבֶּר (ז)
gâchette (f)	'hedek	הֶדֶק (ז)
mire (f)	ka'venet	כַּוֶּנֶת (נ)
magasin (m)	maχsanit	מַחְסָנִית (נ)
crosse (f)	kat	קַת (נ)
grenade (f) à main	rimon	רִימּוֹן (ז)
explosif (m)	'χomer 'nefets	חוֹמֶר נֶפֶץ (ז)
balle (f)	ka'li'a	קְלִיעַ (ז)
cartouche (f)	kadur	כַּדּוּר (ז)
charge (f)	te'ina	טְעִינָה (נ)
munitions (f pl)	taχ'mofet	תַּחְמוֹשֶׁת (נ)
bombardier (m)	maftsits	מַפְצִיץ (ז)
avion (m) de chasse	metos krav	מָטוֹס קְרָב (ז)
hélicoptère (m)	masok	מַסּוֹק (ז)
pièce (f) de D.C.A.	totaχ 'neged metosim	תּוֹתָח נֶגֶד מְטוֹסִים (ז)
char (m)	tank	טַנְק (ז)
canon (m) d'un char	totaχ	תּוֹתָח (ז)
artillerie (f)	arti'lerya	אַרְטִילֶרְיָה (נ)
canon (m)	totaχ	תּוֹתָח (ז)
pointer (~ l'arme)	leχaven	לְכַוֵּון
obus (m)	pagaz	פָּגַז (ז)
obus (m) de mortier	ptsatsat margema	פְּצָצַת מַרְגֵּמָה (נ)
mortier (m)	margema	מַרְגֵּמָה (נ)
éclat (m) d'obus	resis	רְסִיס (ז)
sous-marin (m)	tso'lelet	צוֹלֶלֶת (נ)
torpille (f)	tor'pedo	טוֹרְפֶּדוֹ (ז)
missile (m)	til	טִיל (ז)
charger (arme)	lit'on	לִטְעוֹן
tirer (vi)	lirot	לִירוֹת
viser ... (cible)	leχaven	לְכַוֵּון
baïonnette (f)	kidon	כִּידוֹן (ז)
épée (f)	'χerev	חֶרֶב (נ)
sabre (m)	'χerev paraʃim	חֶרֶב פָּרָשִׁים (ז)
lance (f)	χanit	חֲנִית (נ)
arc (m)	'keʃet	קֶשֶׁת (נ)
flèche (f)	χets	חֵץ (ז)
mousquet (m)	musket	מוּסְקֶט (ז)
arbalète (f)	'keʃet metsu'levet	קֶשֶׁת מְצוּלֶבֶת (נ)

115. Les hommes préhistoriques

primitif (adj)	kadmon	קַדְמוֹן (ז)
préhistorique (adj)	prehis'tori	פְּרֶהִיסְטוֹרִי
ancien (adj)	atik	עָתִיק

Âge (m) de pierre	idan ha''even	עִידָן הָאֶבֶן (ז)
Âge (m) de bronze	idan ha'arad	עִידָן הָאָרָד (ז)
période (f) glaciaire	idan ha'keraχ	עִידָן הַקֶּרַח (ז)

tribu (f)	'ʃevet	שֵׁבֶט (ז)
cannibale (m)	oχel adam	אוֹכֵל אָדָם (ז)
chasseur (m)	tsayad	צַיָּד (ז)
chasser (vi, vt)	latsud	לָצוּד
mammouth (m)	ma'muta	מָמוּטָה (נ)

caverne (f)	meʿara	מְעָרָה (נ)
feu (m)	eʃ	אֵשׁ (נ)
feu (m) de bois	medura	מְדוּרָה (נ)
dessin (m) rupestre	pet'roglif	פֶּטְרוֹגְלִיף (ז)

outil (m)	kli	כְּלִי (ז)
lance (f)	χanit	חֲנִית (נ)
hache (f) en pierre	garzen ha'even	גַּרְזֶן הָאֶבֶן (ז)
faire la guerre	lehilaχem	לְהִילָחֵם
domestiquer (vt)	levayet	לְבַיֵּת

idole (f)	'pesel	פֶּסֶל (ז)
adorer, vénérer (vt)	laʿavod et	לַעֲבוֹד אֶת
superstition (f)	emuna tfela	אֱמוּנָה תְּפֵלָה (נ)
rite (m)	'tekes	טֶקֶס (ז)

évolution (f)	evo'lutsya	אֲבוֹלוּצְיָה (נ)
développement (m)	hitpatχut	הִתְפַּתְּחוּת (נ)
disparition (f)	heʿalmut	הֵיעָלְמוּת (נ)
s'adapter (vp)	lehistagel	לְהִסְתַּגֵּל

archéologie (f)	arχe'o'logya	אַרְכֵיאוֹלוֹגְיָה (נ)
archéologue (m)	arχe'olog	אַרְכֵיאוֹלוֹג (ז)
archéologique (adj)	arχe'o'logi	אַרְכֵיאוֹלוֹגִי

site (m) d'excavation	atar χafirot	אֲתַר חֲפִירוֹת (ז)
fouilles (f pl)	χafirot	חֲפִירוֹת (נ"ר)
trouvaille (f)	mimtsa	מִמְצָא (ז)
fragment (m)	resis	רְסִיס (ז)

116. Le Moyen Âge

peuple (m)	am	עַם (ז)
peuples (m pl)	amim	עַמִּים (ז"ר)
tribu (f)	'ʃevet	שֵׁבֶט (ז)
tribus (f pl)	ʃvatim	שְׁבָטִים (ז"ר)
Barbares (m pl)	bar'barim	בַּרְבָּרִים (ז"ר)

Gaulois (m pl)	'galim	גָּאלִים (ז״ר)
Goths (m pl)	'gotim	גוֹתִים (ז״ר)
Slaves (m pl)	'slavim	סלָאבִים (ז״ר)
Vikings (m pl)	'vikingim	וִיקִינגִים (ז״ר)
Romains (m pl)	roma'im	רוֹמָאִים (ז״ר)
romain (adj)	'romi	רוֹמִי
byzantins (m pl)	bi'zantim	בִּיזַנטִים (ז״ר)
Byzance (f)	bizantion, bizants	בִּיזַנטִיוֹן, בִּיזַנץ (נ)
byzantin (adj)	bi'zanti	בִּיזַנטִי
empereur (m)	keisar	קֵיסָר (ז)
chef (m)	manhig	מַנהִיג (ז)
puissant (adj)	rav 'koaχ	רַב־כּוֹחַ
roi (m)	'meleχ	מֶלֶךְ (ז)
gouverneur (m)	ʃalit	שַׁלִּיט (ז)
chevalier (m)	abir	אַבִּיר (ז)
féodal (m)	fe'odal	פֵיאוֹדָל (ז)
féodal (adj)	fe'o'dali	פֵיאוֹדָלִי
vassal (m)	vasal	וַסָל (ז)
duc (m)	dukas	דוּכָס (ז)
comte (m)	rozen	רוֹזֵן (ז)
baron (m)	baron	בָּרוֹן (ז)
évêque (m)	'biʃof	בִּישׁוֹף (ז)
armure (f)	ʃiryon	שִׁריוֹן (ז)
bouclier (m)	magen	מָגֵן (ז)
glaive (m)	'χerev	חָרֶב (נ)
visière (f)	magen panim	מָגֵן פָּנִים (ז)
cotte (f) de mailles	ʃiryon kaskasim	שִׁריוֹן קַשׂקַשִׂים (ז)
croisade (f)	masa tslav	מַסַע צלָב (ז)
croisé (m)	tsalban	צַלבָּן (ז)
territoire (m)	'ʃetaχ	שֶׁטַח (ז)
attaquer (~ un pays)	litkof	לִתקוֹף
conquérir (vt)	liχboʃ	לִכבּוֹשׁ
occuper (envahir)	lehiʃtalet	לְהִשׁתַּלֵט
siège (m)	matsor	מָצוֹר (ז)
assiégé (adj)	natsur	נָצוּר
assiéger (vt)	latsur	לָצוּר
inquisition (f)	inkvi'zitsya	אִינקוִויזִיציָה (נ)
inquisiteur (m)	inkvi'zitor	אִינקוִויזִיטוֹר (ז)
torture (f)	inui	עִינוּי (ז)
cruel (adj)	aχzari	אַכזָרִי
hérétique (m)	kofer	כּוֹפֵר (ז)
hérésie (f)	kfira	כּפִירָה (נ)
navigation (f) en mer	haflaga bayam	הַפלָגָה בַּיָם (נ)
pirate (m)	ʃoded yam	שׁוֹדֵד יָם (ז)
piraterie (f)	pi'ratiyut	פִּירָטִיוּת (נ)

abordage (m)	la'alot al	לַעֲלוֹת עַל
butin (m)	ʃalal	שָׁלָל (ז)
trésor (m)	otsarot	אוֹצָרוֹת (ז"ר)
découverte (f)	taglit	תַגלִית (נ)
découvrir (vt)	legalot	לְגַלוֹת
expédition (f)	miʃ'laχat	מִשׁלַחַת (נ)
mousquetaire (m)	musketer	מוּסקֶטֶר (ז)
cardinal (m)	χaʃman	חַשׁמָן (ז)
héraldique (f)	he'raldika	הֶרַלדִיקָה (נ)
héraldique (adj)	he'raldi	הֶרַלדִי

117. Les dirigeants. Les responsables. Les autorités

roi (m)	'meleχ	מֶלֶך (ז)
reine (f)	malka	מַלכָּה (נ)
royal (adj)	malχuti	מַלכוּתִי
royaume (m)	mamlaχa	מַמלָכָה (נ)
prince (m)	nasiχ	נָסִיך (ז)
princesse (f)	nesiχa	נְסִיכָה (נ)
président (m)	nasi	נָשִׂיא (ז)
vice-président (m)	sgan nasi	סגַן נָשִׂיא (ז)
sénateur (m)	se'nator	סֶנָאטוֹר (ז)
monarque (m)	'meleχ	מֶלֶך (ז)
gouverneur (m)	ʃalit	שַׁלִיט (ז)
dictateur (m)	rodan	רוֹדָן (ז)
tyran (m)	aruts	עָרוּץ (ז)
magnat (m)	eil hon	אֵיל הוֹן (ז)
directeur (m)	menahel	מְנַהֵל (ז)
chef (m)	menahel, roʃ	מְנַהֵל (ז), רֹאשׁ (ז)
gérant (m)	menahel	מְנַהֵל (ז)
boss (m)	bos	בּוֹס (ז)
patron (m)	'ba'al	בַּעַל (ז)
leader (m)	manhig	מַנהִיג (ז)
chef (m) (~ d'une délégation)	roʃ	רֹאשׁ (ז)
autorités (f pl)	ʃiltonot	שִׁלטוֹנוֹת (ז"ר)
supérieurs (m pl)	memunim	מְמוּנִים (ז"ר)
gouverneur (m)	moʃel	מוֹשֵׁל (ז)
consul (m)	'konsul	קוֹנסוּל (ז)
diplomate (m)	diplomat	דִיפּלוֹמָט (ז)
maire (m)	roʃ ha'ir	רֹאשׁ הָעִיר (ז)
shérif (m)	ʃerif	שָׁרִיף (ז)
empereur (m)	keisar	קֵיסָר (ז)
tsar (m)	tsar	צָאר (ז)
pharaon (m)	par'o	פַּרעֹה (ז)
khan (m)	χan	חָאן (ז)

118. Les crimes. Les criminels. Partie 1

bandit (m)	ʃoded	שׁוֹדֵד (ז)
crime (m)	'peʃa	פֶּשַׁע (ז)
criminel (m)	po'ʃeʻa	פּוֹשֵׁעַ (ז)
voleur (m)	ganav	גַּנָּב (ז)
voler (qch à qn)	lignov	לִגְנוֹב
vol (m) (activité)	gneva	גְּנֵיבָה (נ)
vol (m) (~ à la tire)	gneva	גְּנֵיבָה (נ)
kidnapper (vt)	laxatof	לַחֲטוֹף
kidnapping (m)	xatifa	חֲטִיפָה (נ)
kidnappeur (m)	xotef	חוֹטֵף (ז)
rançon (f)	'kofer	כּוֹפֶר (ז)
exiger une rançon	lidroʃ 'kofer	לִדְרוֹשׁ כּוֹפֶר
cambrioler (vt)	liʃdod	לִשְׁדוֹד
cambriolage (m)	ʃod	שׁוֹד (ז)
cambrioleur (m)	ʃoded	שׁוֹדֵד (ז)
extorquer (vt)	lisxot	לִסְחוֹט
extorqueur (m)	saxtan	סַחְטָן (ז)
extorsion (f)	saxtanut	סַחְטָנוּת (נ)
tuer (vt)	lir'tsoax	לִרְצוֹחַ
meurtre (m)	'retsax	רֶצַח (ז)
meurtrier (m)	ro'tseax	רוֹצֵחַ (ז)
coup (m) de feu	yeriya	יְרִיָּה (נ)
tirer un coup de feu	lirot	לִירוֹת
abattre (par balle)	lirot la'mavet	לִירוֹת לַמָּוֶת
tirer (vi)	lirot	לִירוֹת
coups (m pl) de feu	'yeri	יְרִי (ז)
incident (m)	takrit	תַּקְרִית (נ)
bagarre (f)	ktata	קְטָטָה (נ)
Au secours!	ha'tsilu!	הַצִּילוּ!
victime (f)	nifga	נִפְגָּע (ז)
endommager (vt)	lekalkel	לְקַלְקֵל
dommage (m)	'nezek	נֶזֶק (ז)
cadavre (m)	gufa	גּוּפָה (נ)
grave (~ crime)	xamur	חָמוּר
attaquer (vt)	litkof	לִתְקוֹף
battre (frapper)	lehakot	לְהַכּוֹת
passer à tabac	lehakot	לְהַכּוֹת
prendre (voler)	la'kaxat be'koax	לָקַחַת בְּכוֹחַ
poignarder (vt)	lidkor le'mavet	לִדְקוֹר לַמָּוֶת
mutiler (vt)	lehatil mum	לְהָטִיל מוּם
blesser (vt)	lif'tso'a	לִפְצוֹעַ
chantage (m)	saxtanut	סַחְטָנוּת (נ)
faire chanter	lisxot	לִסְחוֹט

maître (m) chanteur	saxtan	סַחְטָן (ז)
racket (m) de protection	dmei xasut	דְּמֵי חָסוּת (ז״ר)
racketteur (m)	gove xasut	גּוֹבֶה חָסוּת (ז)
gangster (m)	'gangster	גַּנְגְסְטֶר (ז)
mafia (f)	'mafya	מָאפְיָה (נ)
pickpocket (m)	kayas	כַּיָּס (ז)
cambrioleur (m)	porets	פּוֹרֵץ (ז)
contrebande (f) (trafic)	havraxa	הַבְרָחָה (נ)
contrebandier (m)	mav'riax	מַבְרִיחַ (ז)
contrefaçon (f)	ziyuf	זִיּוּף (ז)
falsifier (vt)	lezayef	לְזַיֵּף
faux (falsifié)	mezuyaf	מְזוּיָּף

119. Les crimes. Les criminels. Partie 2

viol (m)	'ones	אוֹנֶס (ז)
violer (vt)	le'enos	לֶאֱנוֹס
violeur (m)	anas	אַנָּס (ז)
maniaque (m)	'manyak	מַנְיָאק (ז)
prostituée (f)	zona	זוֹנָה (נ)
prostitution (f)	znut	זְנוּת (נ)
souteneur (m)	sarsur	סַרְסוּר (ז)
drogué (m)	narkoman	נַרְקוֹמָן (ז)
trafiquant (m) de drogue	soxer samim	סוֹחֵר סַמִּים (ז)
faire exploser	lefotsets	לְפוֹצֵץ
explosion (f)	pitsuts	פִּיצוּץ (ז)
mettre feu	lehatsit	לְהַצִּית
incendiaire (m)	matsit	מַצִּית (ז)
terrorisme (m)	terorizm	טֶרוֹרִיזְם (ז)
terroriste (m)	mexabel	מְחַבֵּל (ז)
otage (m)	ben aruba	בֶּן עֲרוּבָּה (ז)
escroquer (vt)	lehonot	לְהוֹנוֹת
escroquerie (f)	hona'a	הוֹנָאָה (נ)
escroc (m)	ramai	רַמַּאי (ז)
soudoyer (vt)	leʃaxed	לְשַׁחֵד
corruption (f)	'ʃoxad	שׁוֹחַד (ז)
pot-de-vin (m)	'ʃoxad	שׁוֹחַד (ז)
poison (m)	'ra'al	רַעַל (ז)
empoisonner (vt)	lehar'il	לְהַרְעִיל
s'empoisonner (vp)	lehar'il et atsmo	לְהַרְעִיל אֶת עַצְמוֹ
suicide (m)	hit'abdut	הִתְאַבְּדוּת (נ)
suicidé (m)	mit'abed	מִתְאַבֵּד (ז)
menacer (vt)	le'ayem	לְאַיֵּם
menace (f)	iyum	אִיּוּם (ז)

attenter (vt)	lehitnakeʃ	לְהִתְנַקֵּשׁ
attentat (m)	nisayon hitnakʃut	נִיסָיוֹן הִתְנַקְּשׁוּת (ז)
voler (un auto)	lignov	לִגְנוֹב
détourner (un avion)	laχatof matos	לַחֲטוֹף מָטוֹס
vengeance (f)	nekama	נְקָמָה (נ)
se venger (vp)	linkom	לִנְקוֹם
torturer (vt)	la'anot	לְעַנּוֹת
torture (f)	inui	עִינּוּי (ז)
tourmenter (vt)	leyaser	לְיַיסֵּר
pirate (m)	ʃoded yam	שׁוֹדֵד יָם (ז)
voyou (m)	χuligan	חוּלִיגָאן (ז)
armé (adj)	mezuyan	מְזוּיָן
violence (f)	alimut	אֲלִימוּת (נ)
illégal (adj)	'bilti le'gali	בִּלְתִּי לֶגָלִי
espionnage (m)	rigul	רִיגּוּל (ז)
espionner (vt)	leragel	לְרַגֵּל

120. La police. La justice. Partie 1

justice (f)	'tsedek	צֶדֶק (ז)
tribunal (m)	beit miʃpat	בֵּית מִשְׁפָּט (ז)
juge (m)	ʃofet	שׁוֹפֵט (ז)
jury (m)	muʃba'im	מוּשְׁבָּעִים (ז"ר)
cour (f) d'assises	χaver muʃba'im	חָבֵר מוּשְׁבָּעִים (ז)
juger (vt)	liʃpot	לִשְׁפּוֹט
avocat (m)	oreχ din	עוֹרֵךְ דִּין (ז)
accusé (m)	omed lemiʃpat	עוֹמֵד לְמִשְׁפָּט (ז)
banc (m) des accusés	safsal ne'eʃamim	סַפְסַל נֶאֱשָׁמִים (ז)
inculpation (f)	ha'aʃama	הַאֲשָׁמָה (נ)
inculpé (m)	ne'eʃam	נֶאֱשָׁם (ז)
condamnation (f)	gzar din	גְּזַר דִּין (ז)
condamner (vt)	lifsok	לִפְסוֹק
coupable (m)	aʃem	אָשֵׁם (ז)
punir (vt)	leha'aniʃ	לְהַעֲנִישׁ
punition (f)	'oneʃ	עוֹנֶשׁ (ז)
amende (f)	knas	קְנָס (ז)
détention (f) à vie	ma'asar olam	מַאֲסַר עוֹלָם (ז)
peine (f) de mort	'oneʃ 'mavet	עוֹנֶשׁ מָוֶת (ז)
chaise (f) électrique	kise χaʃmali	כִּיסֵא חַשְׁמַלִי (ז)
potence (f)	gardom	גַּרְדּוֹם (ז)
exécuter (vt)	lehotsi la'horeg	לְהוֹצִיא לַהוֹרֵג
exécution (f)	hatsa'a le'horeg	הוֹצָאָה לַהוֹרֵג (נ)

| prison (f) | beit 'sohar | בֵּית סוֹהַר (ז) |
| cellule (f) | ta | תָּא (ז) |

escorte (f)	miʃmar livui	מִשְׁמָר לִיוּוי (ז)
gardien (m) de prison	soher	סוֹהַר (ז)
prisonnier (m)	asir	אָסִיר (ז)

| menottes (f pl) | azikim | אֲזִיקִים (ז״ר) |
| mettre les menottes | lixbol be'azikim | לִכְבּוֹל בָּאֲזִיקִים |

évasion (f)	brixa	בְּרִיחָה (נ)
s'évader (vp)	liv'roax	לִבְרוֹחַ
disparaître (vi)	lehe'alem	לְהֵיעָלֵם
libérer (vt)	leʃaxrer	לְשַׁחְרֵר
amnistie (f)	xanina	חֲנִינָה (נ)

police (f)	miʃtara	מִשְׁטָרָה (נ)
policier (m)	ʃoter	שׁוֹטֵר (ז)
commissariat (m) de police	taxanat miʃtara	תַּחֲנַת מִשְׁטָרָה (נ)
matraque (f)	ala	אַלָּה (נ)
haut parleur (m)	megafon	מֶגָפוֹן (ז)

voiture (f) de patrouille	na'yedet	נַיֶּדֶת (נ)
sirène (f)	tsofar	צוֹפָר (ז)
enclencher la sirène	lehaf'il tsofar	לְהַפְעִיל צוֹפָר
hurlement (m) de la sirène	tsfira	צְפִירָה (נ)

lieu (m) du crime	zirat 'peʃa	זִירַת פֶּשַׁע (נ)
témoin (m)	ed	עֵד (ז)
liberté (f)	'xofeʃ	חוֹפֶשׁ (ז)
complice (m)	ʃutaf	שׁוּתָף (ז)
s'enfuir (vp)	lehixave	לְהֵיחָבֵא
trace (f)	akev	עָקֵב (ז)

121. La police. La justice. Partie 2

recherche (f)	xipus	חִיפּוּשׂ (ז)
rechercher (vt)	lexapes	לְחַפֵּשׂ
suspicion (f)	xaʃad	חָשָׁד (ז)
suspect (adj)	xaʃud	חָשׁוּד
arrêter (dans la rue)	la'atsor	לַעֲצוֹר
détenir (vt)	la'atsor	לַעֲצוֹר

affaire (f) (~ pénale)	tik	תִּיק (ז)
enquête (f)	xakira	חֲקִירָה (נ)
détective (m)	balaʃ	בַּלָּשׁ (ז)
enquêteur (m)	xoker	חוֹקֵר (ז)
hypothèse (f)	haʃara	הַשְׁעָרָה (נ)

motif (m)	me'ni'a	מֵנִיעַ (ז)
interrogatoire (m)	xakira	חֲקִירָה (נ)
interroger (vt)	laxkor	לַחֲקוֹר
interroger (~ les voisins)	letaʃ'el	לְתַשְׁאֵל
inspection (f)	bdika	בְּדִיקָה (נ)

rafle (f)	matsod	מָצוֹד (ז)
perquisition (f)	xipus	חִיפּוּשׂ (ז)
poursuite (f)	mirdaf	מִרְדָּף (ז)
poursuivre (vt)	lirdof axarei	לִרְדוֹף אַחֲרֵי
dépister (vt)	la'akov axarei	לַעֲקוֹב אַחֲרֵי
arrestation (f)	ma'asar	מַאֲסָר (ז)
arrêter (vt)	le'esor	לֶאֱסוֹר
attraper (~ un criminel)	lilkod	לִלְכּוֹד
capture (f)	lexida	לְכִידָה (נ)
document (m)	mismax	מִסְמָך (ז)
preuve (f)	hoxaxa	הוֹכָחָה (נ)
prouver (vt)	leho'xiax	לְהוֹכִיחַ
empreinte (f) de pied	akev	עָקֵב (ז)
empreintes (f pl) digitales	tvi'ot etsba'ot	טְבִיעוֹת אֶצְבָּעוֹת (נ״ר)
élément (m) de preuve	re'aya	רְאָיָה (נ)
alibi (m)	'alibi	אָלִיבִּי (ז)
innocent (non coupable)	xaf mi'pefa	חַף מִפֶּשַׁע
injustice (f)	i 'tsedek	אִי צֶדֶק (ז)
injuste (adj)	lo tsodek	לֹא צוֹדֵק
criminel (adj)	plili	פְּלִילִי
confisquer (vt)	lehaxrim	לְהַחְרִים
drogue (f)	sam	סַם (ז)
arme (f)	'nefek	נֶשֶׁק (ז)
désarmer (vt)	lifrok mi'nefek	לִפְרוֹק מִנֶּשֶׁק
ordonner (vt)	lifkod	לִפְקוֹד
disparaître (vi)	lehe'alem	לְהֵיעָלֵם
loi (f)	xok	חוֹק (ז)
légal (adj)	xuki	חוּקִי
illégal (adj)	'bilti xuki	בִּלְתִּי חוּקִי
responsabilité (f)	axrayut	אַחְרָיוּת (נ)
responsable (adj)	axrai	אַחְרַאי

LA NATURE

La Terre. Partie 1

122. L'espace cosmique

cosmos (m)	xalal	חָלָל (ז)
cosmique (adj)	ʃel xalal	שֶׁל חָלָל
espace (m) cosmique	xalal xitson	חָלָל חִיצוֹן (ז)
monde (m)	olam	עוֹלָם (ז)
univers (m)	yekum	יְקוּם (ז)
galaxie (f)	ga'laksya	גָלַקְסיָה (נ)
étoile (f)	koxav	כּוֹכָב (ז)
constellation (f)	tsvir koxavim	צְבִיר כּוֹכָבִים (ז)
planète (f)	koxav 'lexet	כּוֹכַב לֶכֶת (ז)
satellite (m)	lavyan	לַוְויָן (ז)
météorite (m)	mete'orit	מֶטאוֹרִיט (ז)
comète (f)	koxav ʃavit	כּוֹכָב שָׁבִיט (ז)
astéroïde (m)	aste'ro'id	אַסטרוֹאָיד (ז)
orbite (f)	. maslul	מַסלוּל (ז)
tourner (vi)	lesovev	לְסוֹבֵב
atmosphère (f)	atmos'fera	אַטמוֹספֶרָה (נ)
Soleil (m)	'ʃemeʃ	שֶׁמֶשׁ (נ)
système (m) solaire	ma'a'rexet ha'ʃemeʃ	מַעֲרֶכֶת הַשֶּׁמֶשׁ (נ)
éclipse (f) de soleil	likui xama	לִיקוּי חַמָה (ז)
Terre (f)	kadur ha''arets	כַּדוּר הָאָרֶץ (ז)
Lune (f)	ya'reax	יָרֵחַ (ז)
Mars (m)	ma'adim	מַאֲדִים (ז)
Vénus (f)	'noga	נוֹגַה (ז)
Jupiter (m)	'tsedek	צֶדֶק (ז)
Saturne (m)	ʃabtai	שַׁבתַאי (ז)
Mercure (m)	koxav xama	כּוֹכָב חַמָה (ז)
Uranus (m)	u'ranus	אוּרָנוּס (ז)
Neptune	neptun	נֶפּטוּן (ז)
Pluton (m)	'pluto	פּלוּטוֹ (ז)
la Voie Lactée	ʃvil haxalav	שׁבִיל הֶחָלָב (ז)
la Grande Ours	duba gdola	דוּבָּה גדוֹלָה (נ)
la Polaire	koxav hatsafon	כּוֹכָב הַצָפוֹן (ז)
martien (m)	toʃav ma'adim	תוֹשָׁב מַאֲדִים (ז)
extraterrestre (m)	xutsan	חוּצָן (ז)

alien (m)	χaizar	חַיְזָר (ז)
soucoupe (f) volante	tsa'laχat me'o'fefet	צַלַּחַת מְעוֹפֶפֶת (נ)
vaisseau (m) spatial	χalalit	חֲלָלִית (נ)
station (f) orbitale	taχanat χalal	תַּחֲנַת חָלָל (נ)
lancement (m)	hamra'a	הַמְרָאָה (נ)
moteur (m)	ma'no'a	מָנוֹעַ (ז)
tuyère (f)	neχir	נְחִיר (ז)
carburant (m)	'delek	דֶּלֶק (ז)
cabine (f)	'kokpit	קוֹקְפִּיט (ז)
antenne (f)	an'tena	אַנְטֶנָה (נ)
hublot (m)	eʃnav	אֶשְׁנָב (ז)
batterie (f) solaire	'luaχ so'lari	לוּחַ סוֹלָרִי (ז)
scaphandre (m)	χalifat χalal	חֲלִיפַת חָלָל (נ)
apesanteur (f)	'χoser miʃkal	חוֹסֶר מִשְׁקָל (ז)
oxygène (m)	χamtsan	חַמְצָן (ז)
arrimage (m)	agina	עֲגִינָה (נ)
s'arrimer à …	la'agon	לַעֲגוֹן
observatoire (m)	mitspe koχavim	מִצְפֵּה כּוֹכָבִים (ז)
télescope (m)	teleskop	טֶלֶסְקוֹפּ (ז)
observer (vt)	litspot, lehaʃkif	לִצְפּוֹת, לְהַשְׁקִיף
explorer (un cosmos)	laχkor	לַחְקוֹר

123. La Terre

Terre (f)	kadur ha''arets	כַּדּוּר הָאָרֶץ (ז)
globe (m) terrestre	kadur ha''arets	כַּדּוּר הָאָרֶץ (ז)
planète (f)	koχav 'leχet	כּוֹכַב לֶכֶת (ז)
atmosphère (f)	atmos'fera	אַטְמוֹסְפֵרָה (נ)
géographie (f)	ge'o'grafya	גֵּיאוֹגְרַפְיָה (נ)
nature (f)	'teva	טֶבַע (ז)
globe (m) de table	'globus	גלוֹבּוּס (ז)
carte (f)	mapa	מַפָּה (נ)
atlas (m)	'atlas	אַטְלָס (ז)
Europe (f)	ei'ropa	אֵירוֹפָּה (נ)
Asie (f)	'asya	אַסְיָה (נ)
Afrique (f)	'afrika	אַפְרִיקָה (נ)
Australie (f)	ost'ralya	אוֹסְטְרַלְיָה (נ)
Amérique (f)	a'merika	אָמֶרִיקָה (נ)
Amérique (f) du Nord	a'merika hatsfonit	אָמֶרִיקָה הַצְּפוֹנִית (נ)
Amérique (f) du Sud	a'merika hadromit	אָמֶרִיקָה הַדְּרוֹמִית (נ)
l'Antarctique (m)	ya'beʃet an'tarktika	יַבֶּשֶׁת אַנְטְאַרְקְטִיקָה (נ)
l'Arctique (m)	'arktika	אַרְקְטִיקָה (נ)

124. Les quatre parties du monde

nord (m)	tsafon	צָפוֹן (ז)
vers le nord	tsa'fona	צָפוֹנָה
au nord	batsafon	בַּצָפוֹן
du nord (adj)	tsfoni	צפוֹנִי
sud (m)	darom	דָרוֹם (ז)
vers le sud	da'roma	דָרוֹמָה
au sud	badarom	בַּדָרוֹם
du sud (adj)	dromi	דרוֹמִי
ouest (m)	ma'arav	מַעֲרָב (ז)
vers l'occident	ma'a'rava	מַעֲרָבָה
à l'occident	bama'arav	בַּמַעֲרָב
occidental (adj)	ma'aravi	מַעֲרָבִי
est (m)	mizraχ	מִזרָח (ז)
vers l'orient	miz'raχa	מִזרָחָה
à l'orient	bamizraχ	בַּמִזרָח
oriental (adj)	mizraχi	מִזרָחִי

125. Les océans et les mers

mer (f)	yam	יָם (ז)
océan (m)	ok'yanos	אוֹקיָאנוֹס (ז)
golfe (m)	mifrats	מִפרָץ (ז)
détroit (m)	meitsar	מֵיצָר (ז)
terre (f) ferme	yabaʃa	יַבָּשָׁה (נ)
continent (m)	ya'beʃet	יַבֶּשֶׁת (נ)
île (f)	i	אִי (ז)
presqu'île (f)	χatsi i	חֲצִי אִי (ז)
archipel (m)	arχipelag	אַרכִיפֶּלָג (ז)
baie (f)	mifrats	מִפרָץ (ז)
port (m)	namal	נָמָל (ז)
lagune (f)	la'guna	לָגוּנָה (נ)
cap (m)	kef	כֵּף (ז)
atoll (m)	atol	אַטוֹל (ז)
récif (m)	ʃunit	שׁוּנִית (נ)
corail (m)	almog	אַלמוֹג (ז)
récif (m) de corail	ʃunit almogim	שׁוּנִית אַלמוֹגִים (נ)
profond (adj)	amok	עָמוֹק
profondeur (f)	'omek	עוֹמֶק (ז)
abîme (m)	tehom	תְהוֹם (נ)
fosse (f) océanique	maχteʃ	מַכתֵשׁ (ז)
courant (m)	'zerem	זֶרֶם (ז)
baigner (vt) (mer)	lehakif	לְהַקִיף
littoral (m)	χof	חוֹף (ז)

côte (f)	χof yam	חוֹף יָם (ז)
marée (f) haute	ge'ut	גֵּאוּת (נ)
marée (f) basse	'ʃefel	שֵׁפֶל (ז)
banc (m) de sable	sirton	שִׂרְטוֹן (ז)
fond (m)	karka'it	קַרְקָעִית (נ)
vague (f)	gal	גַּל (ז)
crête (f) de la vague	pisgat hagal	פִּסְגַּת הַגַּל (נ)
mousse (f)	'ketsef	קֶצֶף (ז)
tempête (f) en mer	sufa	סוּפָה (נ)
ouragan (m)	hurikan	הוּרִיקָן (ז)
tsunami (m)	tsu'nami	צוּנָאמִי (ז)
calme (m)	'roga	רוֹגַע (ז)
calme (tranquille)	ʃalev	שָׁלֵו
pôle (m)	'kotev	קוֹטֶב (ז)
polaire (adj)	kotbi	קוֹטְבִּי
latitude (f)	kav 'roχav	קַו רוֹחַב (ז)
longitude (f)	kav 'oreχ	קַו אוֹרֶךְ (ז)
parallèle (f)	kav 'roχav	קַו רוֹחַב (ז)
équateur (m)	kav hamaʃve	קַו הַמַּשְׁוֶה (ז)
ciel (m)	ʃa'mayim	שָׁמַיִם (ז"ר)
horizon (m)	'ofek	אוֹפֶק (ז)
air (m)	avir	אֲוִיר (ז)
phare (m)	migdalor	מִגְדָּלוֹר (ז)
plonger (vi)	litslol	לִצְלוֹל
sombrer (vi)	lit'bo'a	לִטְבּוֹעַ
trésor (m)	otsarot	אוֹצָרוֹת (ז"ר)

126. Les noms des mers et des océans

océan (m) Atlantique	ha'ok'yanus ha'at'lanti	הָאוֹקְיָינוֹס הָאַטְלַנְטִי (ז)
océan (m) Indien	ha'ok'yanus ha'hodi	הָאוֹקְיָינוֹס הַהוֹדִי (ז)
océan (m) Pacifique	ha'ok'yanus haʃaket	הָאוֹקְיָינוֹס הַשָּׁקֵט (ז)
océan (m) Glacial	ok'yanos ha'keraχ hatsfoni	אוֹקְיָינוֹס הַקֶּרַח הַצְּפוֹנִי (ז)
mer (f) Noire	hayam haʃaχor	הַיָּם הַשָּׁחוֹר (ז)
mer (f) Rouge	yam suf	יַם סוּף (ז)
mer (f) Jaune	hayam hatsahov	הַיָּם הַצָּהוֹב (ז)
mer (f) Blanche	hayam halavan	הַיָּם הַלָּבָן (ז)
mer (f) Caspienne	hayam ha'kaspi	הַיָּם הַכַּסְפִּי (ז)
mer (f) Morte	yam ha'melaχ	יַם הַמֶּלַח (ז)
mer (f) Méditerranée	hayam hatiχon	הַיָּם הַתִּיכוֹן (ז)
mer (f) Égée	hayam ha'e'ge'i	הַיָּם הָאֶגֵאִי (ז)
mer (f) Adriatique	hayam ha'adri'yati	הַיָּם הָאַדְרִיָאתִי (ז)
mer (f) Arabique	hayam ha'aravi	הַיָּם הָעֲרָבִי (ז)
mer (f) du Japon	hayam haya'pani	הַיָּם הַיַּפָּנִי (ז)

mer (f) de Béring	yam 'bering	יַם בֶּרִינג (ז)
mer (f) de Chine Méridionale	yam sin hadromi	יַם סִין הַדְּרוֹמִי (ז)
mer (f) de Corail	yam ha'almogim	יַם הָאַלְמוֹגִים (ז)
mer (f) de Tasman	yam tasman	יַם טַסמָן (ז)
mer (f) Caraïbe	hayam haka'ribi	הַיָם הַקָרִיבִּי (ז)
mer (f) de Barents	yam 'barents	יָם בָּרֶנץ (ז)
mer (f) de Kara	yam 'kara	יַם קָאָרָה (ז)
mer (f) du Nord	hayam hatsfoni	הַיָם הַצְּפוֹנִי (ז)
mer (f) Baltique	hayam ha'balti	הַיָם הַבַּלטִי (ז)
mer (f) de Norvège	hayam hanor'vegi	הַיָם הַנוֹרבֶגִי (ז)

127. Les montagnes

montagne (f)	har	הַר (ז)
chaîne (f) de montagnes	'reχes harim	רֶכֶס הָרִים (ז)
crête (f)	'reχes har	רֶכֶס הַר (ז)
sommet (m)	pisga	פִּסְגָה (נ)
pic (m)	pisga	פִּסְגָה (נ)
pied (m)	margelot	מַרגְלוֹת (נ״ר)
pente (f)	midron	מִדרוֹן (ז)
volcan (m)	har 'ga'aʃ	הַר גַעַש (ז)
volcan (m) actif	har 'ga'aʃ pa'il	הַר גַעַש פָּעִיל (ז)
volcan (m) éteint	har 'ga'aʃ radum	הַר גַעַש רָדוּם (ז)
éruption (f)	hitpartsut	הִתפָּרצוּת (נ)
cratère (m)	lo'a	לוֹעַ (ז)
magma (m)	megama	מַגמָה (נ)
lave (f)	'lava	לָאבָה (נ)
en fusion (lave ~)	lohet	לוֹהֵט
canyon (m)	kanyon	קַניוֹן (ז)
défilé (m) (gorge)	gai	גַיא (ז)
crevasse (f)	'beka	בֶּקַע (ז)
précipice (m)	tehom	תְהוֹם (נ)
col (m) de montagne	ma'avar harim	מַעֲבַר הָרִים (ז)
plateau (m)	rama	רָמָה (נ)
rocher (m)	tsuk	צוּק (ז)
colline (f)	giv'a	גִבעָה (נ)
glacier (m)	karχon	קַרחוֹן (ז)
chute (f) d'eau	mapal 'mayim	מַפַּל מַיִם (ז)
geyser (m)	'geizer	גֵייזֶר (ז)
lac (m)	agam	אֲגַם (ז)
plaine (f)	miʃor	מִישוֹר (ז)
paysage (m)	nof	נוֹף (ז)
écho (m)	hed	הֵד (ז)
alpiniste (m)	metapes harim	מְטַפֵּס הָרִים (ז)

varappeur (m)	metapes sla'im	מְטַפֵּס סְלָעִים (ז)
conquérir (vt)	lixboʃ	לִכְבּוֹשׁ
ascension (f)	tipus	טִיפּוּס (ז)

128. Les noms des chaînes de montagne

Alpes (f pl)	harei ha''alpim	הָרֵי הָאַלְפִּים (ז״ר)
Mont Blanc (m)	mon blan	מוֹן בְּלָאן (ז)
Pyrénées (f pl)	pire'ne'im	פִּירֶנֶאִים (ז״ר)
Carpates (f pl)	kar'patim	קַרְפָּטִים (ז״ר)
Monts Oural (m pl)	harei ural	הָרֵי אוּרָל (ז״ר)
Caucase (m)	harei hakavkaz	הָרֵי הַקַווקָז (ז״ר)
Elbrous (m)	elbrus	אֶלבְּרוּס (ז)
Altaï (m)	harei altai	הָרֵי אַלטַאי (ז״ר)
Tian Chan (m)	tyan ʃan	טִיאָן שָׁאן (ז)
Pamir (m)	harei pamir	הָרֵי פָּאמִיר (ז״ר)
Himalaya (m)	harei hehima'laya	הָרֵי הַהִימָלַאיָה (ז״ר)
Everest (m)	everest	אֶוֶורֶסט (ז)
Andes (f pl)	harei ha''andim	הָרֵי הָאַנדִים (ז״ר)
Kilimandjaro (m)	kiliman'dʒaro	קִילִימַנגִ'רוֹ (ז)

129. Les fleuves

rivière (f), fleuve (m)	nahar	נָהָר (ז)
source (f)	ma'ayan	מַעְיָין (ז)
lit (m) (d'une rivière)	afik	אָפִיק (ז)
bassin (m)	agan nahar	אֲגַן נָהָר (ז)
se jeter dans …	lehiʃapex	לְהִישָׁפֵךְ
affluent (m)	yuval	יוּבַל (ז)
rive (f)	xof	חוֹף (ז)
courant (m)	'zerem	זֶרֶם (ז)
en aval	bemorad hanahar	בְּמוֹרַד הַנָהָר
en amont	bema'ale hanahar	בְּמַעֲלָה הַזֶרֶם
inondation (f)	hatsafa	הַצָפָה (נ)
les grandes crues	ʃitafon	שִׁיטָפוֹן (ז)
déborder (vt)	la'alot al gdotav	לַעֲלוֹת עַל גדוֹתָיו
inonder (vt)	lehatsif	לְהָצִיף
bas-fond (m)	sirton	שִׂרטוֹן (ז)
rapide (m)	'eʃed	אֶשֶׁד (ז)
barrage (m)	'sexer	סֶכֶר (ז)
canal (m)	te'ala	תְעָלָה (נ)
lac (m) de barrage	ma'agar 'mayim	מַאֲגַר מַיִם (ז)
écluse (f)	ta 'ʃayit	תָא שַׁיִט (ז)
plan (m) d'eau	ma'agar 'mayim	מַאֲגַר מַיִם (ז)

marais (m)	bitsa	בִּיצָה (נ)
fondrière (f)	bitsa	בִּיצָה (נ)
tourbillon (m)	meʻarʼbolet	מְעַרְבּוֹלֶת (נ)

ruisseau (m)	ʼnaxal	נַחַל (ז)
potable (adj)	ʃel ʃtiya	שֶׁל שְׁתִיָּיה
douce (l'eau ~)	metukim	מְתוּקִים

| glace (f) | ʼkerax | קֶרַח (ז) |
| être gelé | likpo | לִקְפּוֹא |

130. Les noms des fleuves

| Seine (f) | hasen | הַסֵּן (ז) |
| Loire (f) | luʼar | לוּאָר (ז) |

Tamise (f)	ʼtemza	תָּמְזָה (נ)
Rhin (m)	hrain	הָרַיין (ז)
Danube (m)	daʼnuba	דָנוּבָּה (נ)

Volga (f)	ʼvolga	וֹלְגָה (נ)
Don (m)	nahar don	נְהַר דּוֹן (ז)
Lena (f)	ʼlena	לֶנָה (נ)

Huang He (m)	hvang ho	הוּאנג הוֹ (ז)
Yangzi Jiang (m)	yangtse	יַאנגצֶה (ז)
Mékong (m)	mekong	מֶקוֹנג (ז)
Gange (m)	ʼganges	גַנְגֶס (ז)

Nil (m)	ʼnilus	נִילוּס (ז)
Congo (m)	ʼkongo	קוֹנגוֹ (ז)
Okavango (m)	okʼvango	אוֹקָבָנגוֹ (ז)
Zambèze (m)	zamʼbezi	זַמבֶּזִי (ז)
Limpopo (m)	limpopo	לִימפּוֹפוֹ (ז)
Mississippi (m)	misiʼsipi	מִיסִיסִיפִּי (ז)

131. La forêt

| forêt (f) | ʼyaʻar | יַעַר (ז) |
| forestier (adj) | ʃel ʼyaʻar | שֶׁל יַעַר |

fourré (m)	avi haʼyaʻar	עֲבִי הַיַּעַר (ז)
bosquet (m)	xurʃa	חוּרשָׁה (נ)
clairière (f)	kaʼraxat ʼyaʻar	קָרַחַת יַעַר (נ)

| broussailles (f pl) | svax | סְבַך (ז) |
| taillis (m) | ʼsiax | שִׂיחַ (ז) |

sentier (m)	ʃvil	שְׁבִיל (ז)
ravin (m)	ʼemek tsar	עֵמֶק צַר (ז)
arbre (m)	ets	עֵץ (ז)
feuille (f)	ale	עָלֶה (ז)

feuillage (m)	alva	עָלְוָה (נ)
chute (f) de feuilles	ʃa'lexet	שַׁלֶּכֶת (נ)
tomber (feuilles)	linʃor	לִנְשֹׁר
sommet (m)	tsa'meret	צַמֶּרֶת (נ)
rameau (m)	anaf	עָנָף (ז)
branche (f)	anaf ave	עָנָף עָבֶה (ז)
bourgeon (m)	nitsan	נִיצָן (ז)
aiguille (f)	'maxat	מַחַט (נ)
pomme (f) de pin	itstrubal	אִצְטְרֻבָּל (ז)
creux (m)	xor ba'ets	חוֹר בָּעֵץ (ז)
nid (m)	ken	קֵן (ז)
terrier (m) (~ d'un renard)	mexila	מְחִלָּה (נ)
tronc (m)	'geza	גֶּזַע (ז)
racine (f)	'ʃoreʃ	שֹׁרֶשׁ (ז)
écorce (f)	klipa	קְלִיפָּה (נ)
mousse (f)	taxav	טַחַב (ז)
déraciner (vt)	la'akor	לַעֲקוֹר
abattre (un arbre)	lixrot	לִכְרֹת
déboiser (vt)	levare	לְבָרֵא
souche (f)	'gedem	גֶּדֶם (ז)
feu (m) de bois	medura	מְדוּרָה (נ)
incendie (m)	srefa	שְׂרֵפָה (נ)
éteindre (feu)	lexabot	לְכַבּוֹת
garde (m) forestier	ʃomer 'ya'ar	שׁוֹמֵר יַעַר (ז)
protection (f)	ʃmira	שְׁמִירָה (נ)
protéger (vt)	liʃmor	לִשְׁמֹר
braconnier (m)	tsayad lelo reʃut	צַיָּד לְלֹא רְשׁוּת (ז)
piège (m) à mâchoires	mal'kodet	מַלְכֹּדֶת (נ)
cueillir (vt)	lelaket	לְלַקֵּט
s'égarer (vp)	lit'ot	לִתְעוֹת

132. Les ressources naturelles

ressources (f pl) naturelles	otsarot 'teva	אוֹצְרוֹת טֶבַע (ז״ר)
minéraux (m pl)	mine'ralim	מִינֶרָלִים (ז״ר)
gisement (m)	mirbats	מִרְבָּץ (ז)
champ (m) (~ pétrolifère)	mirbats	מִרְבָּץ (ז)
extraire (vt)	lixrot	לִכְרוֹת
extraction (f)	kriya	כְּרִיָּה (נ)
minerai (m)	afra	עַפְרָה (נ)
mine (f) (site)	mixre	מִכְרֶה (ז)
puits (m) de mine	pir	פִּיר (ז)
mineur (m)	kore	כּוֹרֶה (ז)
gaz (m)	gaz	גָּז (ז)
gazoduc (m)	tsinor gaz	צִינוֹר גָּז (ז)

pétrole (m)	neft	נֶפְט (ז)
pipeline (m)	tsinor neft	צִינוֹר נֶפְט (ז)
tour (f) de forage	be'er neft	בְּאֵר נֶפְט (נ)
derrick (m)	migdal ki'duax	מִגְדַל קִידוּחַ (ז)
pétrolier (m)	mexalit	מֵיכָלִית (נ)
sable (m)	xol	חוֹל (ז)
calcaire (m)	'even gir	אֶבֶן גִיר (נ)
gravier (m)	xatsats	חָצָץ (ז)
tourbe (f)	kavul	כָּבוּל (ז)
argile (f)	tit	טִיט (ז)
charbon (m)	pexam	פֶּחָם (ז)
fer (m)	barzel	בַּרְזֶל (ז)
or (m)	zahav	זָהָב (ז)
argent (m)	'kesef	כֶּסֶף (ז)
nickel (m)	'nikel	נִיקֶל (ז)
cuivre (m)	ne'xoʃet	נְחוֹשֶׁת (נ)
zinc (m)	avats	אָבָץ (ז)
manganèse (m)	mangan	מַנְגָן (ז)
mercure (m)	kaspit	כַּסְפִּית (נ)
plomb (m)	o'feret	עוֹפֶרֶת (נ)
minéral (m)	mineral	מִינֶרָל (ז)
cristal (m)	gaviʃ	גָבִישׁ (ז)
marbre (m)	'ʃayiʃ	שַׁיִשׁ (ז)
uranium (m)	u'ranyum	אוּרָנִיוּם (ז)

La Terre. Partie 2

133. Le temps

temps (m)	'mezeg avir	מֶזֶג אֲוִיר (ז)
météo (f)	taχazit 'mezeg ha'avir	תַּחֲזִית מֶזֶג הָאֲוִיר (נ)
température (f)	tempera'tura	טֶמְפֶּרָטוּרָה (נ)
thermomètre (m)	madχom	מַדחוֹם (ז)
baromètre (m)	ba'rometer	בָּרוֹמֶטֶר (ז)
humide (adj)	laχ	לַח
humidité (f)	laχut	לַחוּת (נ)
chaleur (f) (canicule)	χom	חוֹם (ז)
torride (adj)	χam	חַם
il fait très chaud	χam	חַם
il fait chaud	χamim	חָמִים
chaud (modérément)	χamim	חָמִים
il fait froid	kar	קַר
froid (adj)	kar	קַר
soleil (m)	'ʃemeʃ	שֶׁמֶשׁ (נ)
briller (soleil)	lizhor	לִזהוֹר
ensoleillé (jour ~)	ʃimʃi	שִׁמשִׁי
se lever (vp)	liz'roaχ	לִזרוֹחַ
se coucher (vp)	liʃ'ko'a	לִשׁקוֹעַ
nuage (m)	anan	עָנָן (ז)
nuageux (adj)	me'unan	מְעוּנָן
nuée (f)	av	עָב (ז)
sombre (adj)	sagriri	סַגרִירִי
pluie (f)	'geʃem	גֶּשֶׁם (ז)
il pleut	yored 'geʃem	יוֹרֵד גֶּשֶׁם
pluvieux (adj)	gaʃum	גָשׁוּם
bruiner (v imp)	letaftef	לְטַפטֵף
pluie (f) torrentielle	matar	מָטָר (ז)
averse (f)	mabul	מַבּוּל (ז)
forte (la pluie ~)	χazak	חָזָק
flaque (f)	ʃlulit	שְׁלוּלִית (נ)
se faire mouiller	lehitratev	לְהִתרַטֵב
brouillard (m)	arapel	עֲרָפֶל (ז)
brumeux (adj)	me'urpal	מְעוּרפָּל
neige (f)	'ʃeleg	שֶׁלֶג (ז)
il neige	yored 'ʃeleg	יוֹרֵד שֶׁלֶג

134. Les intempéries. Les catastrophes naturelles

orage (m)	sufat re'amim	סוּפַת רְעָמִים (נ)
éclair (m)	barak	בָּרָק (ז)
éclater (foudre)	livhok	לִבְהֹק
tonnerre (m)	'ra'am	רַעַם (ז)
gronder (tonnerre)	lir'om	לִרְעֹם
le tonnerre gronde	lir'om	לִרְעֹם
grêle (f)	barad	בָּרָד (ז)
il grêle	yored barad	יוֹרֵד בָּרָד
inonder (vt)	lehatsif	לְהָצִיף
inondation (f)	ʃitafon	שִׁיטָפוֹן (ז)
tremblement (m) de terre	re'idat adama	רְעִידַת אֲדָמָה (נ)
secousse (f)	re'ida	רְעִידָה (נ)
épicentre (m)	moked	מוֹקֵד (ז)
éruption (f)	hitpartsut	הִתְפָּרְצוּת (נ)
lave (f)	'lava	לָאבָה (נ)
tourbillon (m)	hurikan	הוּרִיקָן (ז)
tornade (f)	tor'nado	טוֹרְנָדוֹ (ז)
typhon (m)	taifun	טַייפוּן (ז)
ouragan (m)	hurikan	הוּרִיקָן (ז)
tempête (f)	sufa	סוּפָה (נ)
tsunami (m)	tsu'nami	צוּנָאמִי (ז)
cyclone (m)	tsiklon	צִיקְלוֹן (ז)
intempéries (f pl)	sagrir	סַגְרִיר (ז)
incendie (m)	srefa	שְׂרֵיפָה (נ)
catastrophe (f)	ason	אָסוֹן (ז)
météorite (m)	mete'orit	מֶטְאוֹרִיט (ז)
avalanche (f)	ma'polet ʃlagim	מַפֹּלֶת שְׁלָגִים (נ)
éboulement (m)	ma'polet ʃlagim	מַפֹּלֶת שְׁלָגִים (נ)
blizzard (m)	sufat ʃlagim	סוּפַת שְׁלָגִים (נ)
tempête (f) de neige	sufat ʃlagim	סוּפַת שְׁלָגִים (נ)

La faune

135. Les mammifères. Les prédateurs

prédateur (m)	χayat 'teref	חַיַּת טֶרֶף (ז)
tigre (m)	'tigris	טִיגְרִיס (ז)
lion (m)	arye	אַרְיֵה (ז)
loup (m)	ze'ev	זְאֵב (ז)
renard (m)	ʃu'al	שׁוּעָל (ז)
jaguar (m)	yagu'ar	יָגוּאָר (ז)
léopard (m)	namer	נָמֵר (ז)
guépard (m)	bardelas	בַּרְדְּלָס (ז)
panthère (f)	panter	פַּנְתֵּר (ז)
puma (m)	'puma	פּוּמָה (נ)
léopard (m) de neiges	namer 'ʃeleg	נְמֵר שֶׁלֶג (ז)
lynx (m)	ʃunar	שׁוּנָר (ז)
coyote (m)	ze'ev ha'aravot	זְאֵב הָעֲרָבוֹת (ז)
chacal (m)	tan	תַּן (ז)
hyène (f)	tsa'vo'a	צָבוֹעַ (ז)

136. Les animaux sauvages

animal (m)	'ba'al χayim	בַּעַל חַיִּים (ז)
bête (f)	χaya	חַיָּה (נ)
écureuil (m)	sna'i	סְנָאִי (ז)
hérisson (m)	kipod	קִיפּוֹד (ז)
lièvre (m)	arnav	אַרְנָב (ז)
lapin (m)	ʃafan	שָׁפָן (ז)
blaireau (m)	girit	גִּירִית (נ)
raton (m)	dvivon	דְּבִיבוֹן (ז)
hamster (m)	oger	אוֹגֵר (ז)
marmotte (f)	mar'mita	מַרְמִיטָה (נ)
taupe (f)	χafar'peret	חֲפַרְפֶּרֶת (נ)
souris (f)	aχbar	עַכְבָּר (ז)
rat (m)	χulda	חוּלְדָּה (נ)
chauve-souris (f)	atalef	עֲטַלֵּף (ז)
hermine (f)	hermin	קַרְמִין (ז)
zibeline (f)	tsobel	צוֹבֶּל (ז)
martre (f)	dalak	דָּלָק (ז)
belette (f)	χamus	חָמוּס (ז)
vison (m)	χorfan	חוֹרְפָן (ז)

castor (m)	bone	בּוֹנֶה (ז)
loutre (f)	lutra	לוּטְרָה (נ)
cheval (m)	sus	סוּס (ז)
élan (m)	ayal hakore	אַיָּל הַקּוֹרֵא (ז)
cerf (m)	ayal	אַיָּל (ז)
chameau (m)	gamal	גָּמָל (ז)
bison (m)	bizon	בִּיזוֹן (ז)
aurochs (m)	bizon ei'ropi	בִּיזוֹן אֵירוֹפִּי (ז)
buffle (m)	te'o	תְּאוֹ (ז)
zèbre (m)	'zebra	זֶבְּרָה (נ)
antilope (f)	anti'lopa	אַנְטִילוֹפָּה (נ)
chevreuil (m)	ayal hakarmel	אַיָּל הַכַּרְמֶל (ז)
biche (f)	yaxmur	יַחְמוּר (ז)
chamois (m)	ya'el	יָעֵל (ז)
sanglier (m)	xazir bar	חֲזִיר בָּר (ז)
baleine (f)	livyatan	לִוְיָתָן (ז)
phoque (m)	'kelev yam	כֶּלֶב יָם (ז)
morse (m)	sus yam	סוּס יָם (ז)
ours (m) de mer	dov yam	דֹּב יָם (ז)
dauphin (m)	dolfin	דּוֹלְפִין (ז)
ours (m)	dov	דֹּב (ז)
ours (m) blanc	dov 'kotev	דֹּב קוֹטֵב (ז)
panda (m)	'panda	פַּנְדָּה (נ)
singe (m)	kof	קוֹף (ז)
chimpanzé (m)	ʃimpanze	שִׁימְפַּנְזָה (נ)
orang-outang (m)	orang utan	אוֹרָנְג־אוּטָן (ז)
gorille (m)	go'rila	גּוֹרִילָה (נ)
macaque (m)	makak	מָקָק (ז)
gibbon (m)	gibon	גִּיבּוֹן (ז)
éléphant (m)	pil	פִּיל (ז)
rhinocéros (m)	karnaf	קַרְנַף (ז)
girafe (f)	dʒi'rafa	גִּ׳ירָפָה (נ)
hippopotame (m)	hipopotam	הִיפּוֹפּוֹטָם (ז)
kangourou (m)	'kenguru	קֶנְגּוּרוּ (ז)
koala (m)	ko''ala	קוֹאָלָה (ז)
mangouste (f)	nemiya	נְמִיָּה (נ)
chinchilla (m)	tʃin'tʃila	צִ׳ינְצִ׳ילָה (נ)
mouffette (f)	bo'eʃ	בּוֹאֵשׁ (ז)
porc-épic (m)	darban	דַּרְבָּן (ז)

137. Les animaux domestiques

chat (m) (femelle)	xatula	חֲתוּלָה (נ)
chat (m) (mâle)	xatul	חָתוּל (ז)
chien (m)	'kelev	כֶּלֶב (ז)

cheval (m)	sus	סוּס (ז)
étalon (m)	sus harba'a	סוּס הַרְבָּעָה (ז)
jument (f)	susa	סוּסָה (נ)
vache (f)	para	פָּרָה (נ)
taureau (m)	ʃor	שׁוֹר (ז)
bœuf (m)	ʃor	שׁוֹר (ז)
brebis (f)	kivsa	כִּבְשָׂה (נ)
mouton (m)	'ayil	אַיִל (ז)
chèvre (f)	ez	עֵז (נ)
bouc (m)	'tayiʃ	תַּיִשׁ (ז)
âne (m)	χamor	חֲמוֹר (ז)
mulet (m)	'pered	פֶּרֶד (ז)
cochon (m)	χazir	חֲזִיר (ז)
pourceau (m)	χazarzir	חֲזַרְזִיר (ז)
lapin (m)	arnav	אַרְנָב (ז)
poule (f)	tarne'golet	תַּרְנְגוֹלֶת (נ)
coq (m)	tarnegol	תַּרְנְגוֹל (ז)
canard (m)	barvaz	בַּרְוָז (ז)
canard (m) mâle	barvaz	בַּרְוָז (ז)
oie (f)	avaz	אַוָּז (ז)
dindon (m)	tarnegol 'hodu	תַּרְנְגוֹל הוֹדוּ (ז)
dinde (f)	tarne'golet 'hodu	תַּרְנְגוֹלֶת הוֹדוּ (נ)
animaux (m pl) domestiques	χayot 'bayit	חַיּוֹת בַּיִת (נ״ר)
apprivoisé (adj)	mevuyat	מְבוּיָת
apprivoiser (vt)	levayet	לְבַיֵּת
élever (vt)	lehar'bi'a	לְהַרְבִּיעַ
ferme (f)	χava	חַוָּה (נ)
volaille (f)	ofot 'bayit	עוֹפוֹת בַּיִת (נ״ר)
bétail (m)	bakar	בָּקָר (ז)
troupeau (m)	'eder	עֵדֶר (ז)
écurie (f)	urva	אוּרְוָה (נ)
porcherie (f)	dir χazirim	דִּיר חֲזִירִים (ז)
vacherie (f)	'refet	רֶפֶת (נ)
cabane (f) à lapins	arnaviya	אַרְנָבִיָּה (נ)
poulailler (m)	lul	לוּל (ז)

138. Les oiseaux

oiseau (m)	tsipor	צִיפּוֹר (נ)
pigeon (m)	yona	יוֹנָה (נ)
moineau (m)	dror	דְּרוֹר (ז)
mésange (f)	yargazi	יַרְגָּזִי (ז)
pie (f)	orev neχalim	עוֹרֵב נְחָלִים (ז)
corbeau (m)	orev ʃaχor	עוֹרֵב שָׁחוֹר (ז)

corneille (f)	orev afor	עוֹרֵב אָפוֹר (ז)
choucas (m)	ka'ak	קָאָק (ז)
freux (m)	orev hamizra	עוֹרֵב הַמִזְרָע (ז)
canard (m)	barvaz	בַּרְוָז (ז)
oie (f)	avaz	אַוָּז (ז)
faisan (m)	pasyon	פַּסְיוֹן (ז)
aigle (m)	'ayit	עַיִט (ז)
épervier (m)	nets	נֵץ (ז)
faucon (m)	baz	בַּז (ז)
vautour (m)	ozniya	עוֹזְנִיָּה (ז)
condor (m)	kondor	קוֹנְדוֹר (ז)
cygne (m)	barbur	בַּרְבּוּר (ז)
grue (f)	agur	עָגוּר (ז)
cigogne (f)	xasida	חֲסִידָה (נ)
perroquet (m)	'tuki	תּוּכִּי (ז)
colibri (m)	ko'libri	קוֹלִיבְּרִי (ז)
paon (m)	tavas	טַוָּס (ז)
autruche (f)	bat ya'ana	בַּת יַעֲנָה (נ)
héron (m)	anafa	אֲנָפָה (נ)
flamant (m)	fla'mingo	פְלָמִינְגוֹ (ז)
pélican (m)	saknai	שַׂקְנַאי (ז)
rossignol (m)	zamir	זָמִיר (ז)
hirondelle (f)	snunit	סְנוּנִית (נ)
merle (m)	kiχli	קִיכְלִי (ז)
grive (f)	kiχli mezamer	קִיכְלִי מְזַמֵּר (ז)
merle (m) noir	kiχli ʃaχor	קִיכְלִי שָׁחוֹר (ז)
martinet (m)	sis	סִיס (ז)
alouette (f) des champs	efroni	עֶפְרוֹנִי (ז)
caille (f)	slav	שְׂלָיו (ז)
pivert (m)	'neker	נֶקֶר (ז)
coucou (m)	kukiya	קוּקִיָּה (נ)
chouette (f)	yanʃuf	יַנְשׁוּף (ז)
hibou (m)	'oaχ	אוֹחַ (ז)
tétras (m)	seχvi 'ya'ar	שְׂכְוִי יַעַר (ז)
tétras-lyre (m)	seχvi	שְׂכְוִי (ז)
perdrix (f)	χogla	חוֹגְלָה (נ)
étourneau (m)	zarzir	זַרְזִיר (ז)
canari (m)	ka'narit	קָנָרִית (נ)
gélinotte (f) des bois	seχvi haya'arot	שְׂכְוִי הַיְעָרוֹת (ז)
pinson (m)	paroʃ	פָּרוֹשׁ (ז)
bouvreuil (m)	admonit	אֲדְמוֹנִית (נ)
mouette (f)	'ʃaχaf	שַׁחַף (ז)
albatros (m)	albatros	אַלְבַּטְרוֹס (ז)
pingouin (m)	pingvin	פִּינְגְוִין (ז)

139. Les poissons. Les animaux marins

brème (f)	avroma	אַבְרוֹמָה (נ)
carpe (f)	karpiyon	קַרְפִּיוֹן (ז)
perche (f)	'okunus	אוֹקוּנוּס (ז)
silure (m)	sfamnun	שְׂפַמְנוּן (ז)
brochet (m)	ze'ev 'mayim	זְאֵב מַיִם (ז)
saumon (m)	'salmon	סַלְמוֹן (ז)
esturgeon (m)	χidkan	חִדְקָן (ז)
hareng (m)	ma'liaχ	מָלִיחַ (ז)
saumon (m) atlantique	iltit	אִילְתִּית (נ)
maquereau (m)	makarel	מָקָרֵל (ז)
flet (m)	dag moʃe ra'benu	דַג מֹשֶׁה רַבֵּנוּ (ז)
sandre (f)	amnun	אַמְנוּן (ז)
morue (f)	ʃibut	שִׁיבּוּט (ז)
thon (m)	'tuna	טוּנָה (נ)
truite (f)	forel	פּוֹרֵל (ז)
anguille (f)	tslofaχ	צְלוֹפָח (ז)
torpille (f)	trisanit	תְּרִיסָנִית (נ)
murène (f)	mo'rena	מוֹרֶנָה (נ)
piranha (m)	pi'ranya	פִּירַנְיָה (נ)
requin (m)	kariʃ	כָּרִישׁ (ז)
dauphin (m)	dolfin	דוֹלְפִין (ז)
baleine (f)	livyatan	לִוְיָתָן (ז)
crabe (m)	sartan	סַרְטָן (ז)
méduse (f)	me'duza	מֶדוּזָה (נ)
pieuvre (f), poulpe (m)	tamnun	תַּמְנוּן (ז)
étoile (f) de mer	koχav yam	כּוֹכַב יָם (ז)
oursin (m)	kipod yam	קִיפּוֹד יָם (ז)
hippocampe (m)	suson yam	סוּסוֹן יָם (ז)
huître (f)	tsidpa	צִדְפָּה (נ)
crevette (f)	χasilon	חֲסִילוֹן (ז)
homard (m)	'lobster	לוֹבְּסְטֶר (ז)
langoustine (f)	'lobster kotsani	לוֹבְּסְטֶר קוֹצָנִי (ז)

140. Les amphibiens. Les reptiles

serpent (m)	naχaʃ	נָחָשׁ (ז)
venimeux (adj)	arsi	אַרְסִי
vipère (f)	'tsefa	צֶפַע (ז)
cobra (m)	'peten	פֶּתֶן (ז)
python (m)	piton	פִּיתוֹן (ז)
boa (m)	χanak	חֲנָק (ז)
couleuvre (f)	naχaʃ 'mayim	נְחַשׁ מַיִם (ז)

| serpent (m) à sonnettes | ʃifon | שְׁפִיפוֹן (ז) |
| anaconda (m) | ana'konda | אֲנָקוֹנְדָה (נ) |

lézard (m)	leta'a	לְטָאָה (נ)
iguane (m)	igu''ana	אִיגוּאָנָה (נ)
varan (m)	'koaχ	כּוֹחַ (ז)
salamandre (f)	sala'mandra	סָלָמַנְדְרָה (נ)
caméléon (m)	zikit	זִיקִית (נ)
scorpion (m)	akrav	עַקְרָב (ז)

tortue (f)	tsav	צָב (ז)
grenouille (f)	tsfar'de'a	צְפַרְדֵעַ (נ)
crapaud (m)	karpada	קַרְפָּדָה (נ)
crocodile (m)	tanin	תַּנִין (ז)

141. Les insectes

insecte (m)	χarak	חָרָק (ז)
papillon (m)	parpar	פַּרְפָּר (ז)
fourmi (f)	nemala	נְמָלָה (נ)
mouche (f)	zvuv	זְבוּב (ז)
moustique (m)	yatuʃ	יַתּוּשׁ (ז)
scarabée (m)	χipuʃit	חִיפּוּשִׁית (נ)

guêpe (f)	tsir'a	צִרְעָה (נ)
abeille (f)	dvora	דְבוֹרָה (נ)
bourdon (m)	dabur	דַבּוּר (ז)
œstre (m)	zvuv hasus	זְבוּב הַסוּס (ז)

| araignée (f) | akaviʃ | עַכָּבִישׁ (ז) |
| toile (f) d'araignée | kurei akaviʃ | קוּרֵי עַכָּבִישׁ (ז"ר) |

libellule (f)	ʃapirit	שְׁפִירִית (נ)
sauterelle (f)	χagav	חָגָב (ז)
papillon (m)	aʃ	עָשׁ (ז)

cafard (m)	makak	מַקָק (ז)
tique (f)	kartsiya	קַרְצִיָה (נ)
puce (f)	par'oʃ	פַּרְעוֹשׁ (ז)
moucheron (m)	yavχuʃ	יַבְחוּשׁ (ז)

criquet (m)	arbe	אַרְבֶּה (ז)
escargot (m)	χilazon	חִלָזוֹן (ז)
grillon (m)	tsartsar	צְרָצַר (ז)
luciole (f)	gaχlilit	גַחְלִילִית (נ)
coccinelle (f)	parat moʃe ra'benu	פָּרַת מֹשֶׁה רַבֵּנוּ (נ)
hanneton (m)	χipuʃit aviv	חִיפּוּשִׁית אָבִיב (נ)

sangsue (f)	aluka	עֲלוּקָה (נ)
chenille (f)	zaχal	זַחַל (ז)
ver (m)	to'la'at	תוֹלַעַת (נ)
larve (f)	'deren	דֶרֶן (ז)

La flore

142. Les arbres

arbre (m)	ets	עֵץ (ז)
à feuilles caduques	naʃir	נָשִׁיר
conifère (adj)	maxtani	מַחְטָנִי
à feuilles persistantes	yarok ad	יָרוֹק עַד
pommier (m)	ta'puax	תַפּוּחַ (ז)
poirier (m)	agas	אַגָס (ז)
merisier (m)	gudgedan	גוּדְגְדָן (ז)
cerisier (m)	duvdevan	דוּבְדְבָן (ז)
prunier (m)	ʃezif	שְׁזִיף (ז)
bouleau (m)	ʃadar	שָׁדָר (ז)
chêne (m)	alon	אַלוֹן (ז)
tilleul (m)	'tilya	טִילְיָה (נ)
tremble (m)	aspa	אַסְפָּה (נ)
érable (m)	'eder	אֶדֶר (ז)
épicéa (m)	a'ʃuax	אַשׁוּחַ (ז)
pin (m)	'oren	אוֹרֶן (ז)
mélèze (m)	arzit	אַרְזִית (נ)
sapin (m)	a'ʃuax	אַשׁוּחַ (ז)
cèdre (m)	'erez	אֶרֶז (ז)
peuplier (m)	tsaftsefa	צַפְצָפָה (נ)
sorbier (m)	ben xuzrar	בֶּן־חוּזְרָר (ז)
saule (m)	arava	עֲרָבָה (נ)
aune (m)	alnus	אַלְנוּס (ז)
hêtre (m)	aʃur	אָשׁוּר (ז)
orme (m)	bu'kitsa	בּוּקִיצָה (נ)
frêne (m)	mela	מֵילָה (נ)
marronnier (m)	armon	עַרְמוֹן (ז)
magnolia (m)	mag'nolya	מַגְנוֹלְיָה (נ)
palmier (m)	'dekel	דֶקֶל (ז)
cyprès (m)	broʃ	בְּרוֹשׁ (ז)
palétuvier (m)	mangrov	מַנְגְרוֹב (ז)
baobab (m)	ba'obab	בָּאוֹבָּב (ז)
eucalyptus (m)	eika'liptus	אֵיקָלִיפְּטוּס (ז)
séquoia (m)	sek'voya	סֶקְווֹיָה (נ)

143. Les arbustes

buisson (m)	'siax	שִׂיחַ (ז)
arbrisseau (m)	'siax	שִׂיחַ (ז)

vigne (f)	'gefen	גֶּפֶן (ז)
vigne (f) (vignoble)	'kerem	כֶּרֶם (ז)
framboise (f)	'petel	פֶּטֶל (ז)
cassis (m)	'siax dumdemaniyot ʃxorot	שִׂיחַ דּוּמְדְּמָנִיּוֹת שְׁחוֹרוֹת (ז)
groseille (f) rouge	'siax dumdemaniyot adumot	שִׂיחַ דּוּמְדְּמָנִיּוֹת אֲדוּמּוֹת (ז)
groseille (f) verte	xazarzar	חֲזַרְזַר (ז)
acacia (m)	ʃita	שִׁיטָה (נ)
berbéris (m)	berberis	בַּרְבָּרִיס (ז)
jasmin (m)	yasmin	יַסְמִין (ז)
genévrier (m)	ar'ar	עַרְעָר (ז)
rosier (m)	'siax vradim	שִׂיחַ וְרָדִים (ז)
églantier (m)	'vered bar	וֶרֶד בָּר (ז)

144. Les fruits. Les baies

fruit (m)	pri	פְּרִי (ז)
fruits (m pl)	perot	פֵּרוֹת (ז״ר)
pomme (f)	ta'puax	תַּפּוּחַ (ז)
poire (f)	agas	אַגָּס (ז)
prune (f)	ʃezif	שְׁזִיף (ז)
fraise (f)	tut sade	תּוּת שָׂדֶה (ז)
cerise (f)	duvdevan	דֻּבְדְּבָן (ז)
merise (f)	gudgedan	גּוּדְגְּדָן (ז)
raisin (m)	anavim	עֲנָבִים (ז״ר)
framboise (f)	'petel	פֶּטֶל (ז)
cassis (m)	dumdemanit ʃxora	דּוּמְדְּמָנִית שְׁחוֹרָה (נ)
groseille (f) rouge	dumdemanit aduma	דּוּמְדְּמָנִית אֲדוּמָּה (נ)
groseille (f) verte	xazarzar	חֲזַרְזַר (ז)
canneberge (f)	xamutsit	חֲמוּצִית (נ)
orange (f)	tapuz	תַּפּוּז (ז)
mandarine (f)	klemen'tina	קְלֶמֶנְטִינָה (נ)
ananas (m)	'ananas	אֲנָנָס (ז)
banane (f)	ba'nana	בָּנָנָה (נ)
datte (f)	tamar	תָּמָר (ז)
citron (m)	limon	לִימוֹן (ז)
abricot (m)	'miʃmeʃ	מִשְׁמֵשׁ (ז)
pêche (f)	afarsek	אֲפַרְסֵק (ז)
kiwi (m)	'kivi	קִיווִי (ז)
pamplemousse (m)	eʃkolit	אֶשְׁכּוֹלִית (נ)
baie (f)	garger	גַּרְגֵּר (ז)
baies (f pl)	gargerim	גַּרְגְּרִים (ז״ר)
airelle (f) rouge	uxmanit aduma	אֻכְמָנִית אֲדוּמָּה (נ)
fraise (f) des bois	tut 'ya'ar	תּוּת יַעַר (ז)
myrtille (f)	uxmanit	אֻכְמָנִית (נ)

145. Les fleurs. Les plantes

fleur (f)	'peraχ	פֶּרַח (ז)
bouquet (m)	zer	זֵר (ז)
rose (f)	'vered	וֶרֶד (ז)
tulipe (f)	tsiv'oni	צִבְעוֹנִי (ז)
oeillet (m)	tsi'poren	צִיפּוֹרֶן (ז)
glaïeul (m)	glad'yola	גְלַדִיוֹלָה (נ)
bleuet (m)	dganit	דְגָנִיָה (נ)
campanule (f)	pa'amonit	פַּעֲמוֹנִית (נ)
dent-de-lion (f)	ʃinan	שִׁינָן (ז)
marguerite (f)	kamomil	קָמוֹמִיל (ז)
aloès (m)	alvai	אֲלוַוי (ז)
cactus (m)	'kaktus	קָקְטוּס (ז)
ficus (m)	'fikus	פִיקוּס (ז)
lis (m)	ʃoʃana	שׁוֹשַׁנָה (נ)
géranium (m)	ge'ranyum	גֵרָנְיוּם (ז)
jacinthe (f)	yakinton	יָקִינְטוֹן (ז)
mimosa (m)	mi'moza	מִימוֹזָה (נ)
jonquille (f)	narkis	נַרְקִיס (ז)
capucine (f)	'kova hanazir	כּוֹבַע הַנָזִיר (ז)
orchidée (f)	saχlav	סַחְלָב (ז)
pivoine (f)	admonit	אַדְמוֹנִית (נ)
violette (f)	sigalit	סִיגָלִית (נ)
pensée (f)	amnon vetamar	אַמְנוֹן וְתָמָר (ז)
myosotis (m)	ziχ'rini	זִכְרִינִי (ז)
pâquerette (f)	marganit	מַרְגָנִית (נ)
coquelicot (m)	'pereg	פֶּרֶג (ז)
chanvre (m)	ka'nabis	קַנַאבִּיס (ז)
menthe (f)	'menta	מֶנְתָה (נ)
muguet (m)	zivanit	זִיוָנִית (נ)
perce-neige (f)	ga'lantus	גָלַנְטוּס (ז)
ortie (f)	sirpad	סִרְפָּד (ז)
oseille (f)	χum'a	חוּמְעָה (נ)
nénuphar (m)	nufar	נוּפָר (ז)
fougère (f)	ʃaraχ	שֶׁרֶךְ (ז)
lichen (m)	χazazit	חֲזָזִית (נ)
serre (f) tropicale	χamama	חֲמָמָה (נ)
gazon (m)	midʃa'a	מִדְשָׁאָה (נ)
parterre (m) de fleurs	arugat praχim	עֲרוּגַת פְּרָחִים (נ)
plante (f)	'tsemaχ	צֶמַח (ז)
herbe (f)	'deʃe	דֶשֶׁא (ז)
brin (m) d'herbe	giv'ol 'esev	גִבְעוֹל עֵשֶׂב (ז)

feuille (f)	ale	עָלֶה (ז)
pétale (m)	ale ko'teret	עָלֶה כּוֹתֶרֶת (ז)
tige (f)	giv'ol	גִבעוֹל (ז)
tubercule (m)	'pka'at	פִּקעָת (נ)
pousse (f)	'nevet	נֶבֶט (ז)
épine (f)	kots	קוֹץ (ז)
fleurir (vi)	lif'roax	לִפרוֹחַ
se faner (vp)	linbol	לִנבּוֹל
odeur (f)	'reax	רֵיחַ (ז)
couper (vt)	ligzom	לִגזוֹם
cueillir (fleurs)	liktof	לִקטוֹף

146. Les céréales

grains (m pl)	tvu'a	תבוּאָה (נ)
céréales (f pl) (plantes)	dganim	דגָנִים (ז"ר)
épi (m)	ʃi'bolet	שִיבּוֹלֶת (נ)
blé (m)	xita	חִיטָה (נ)
seigle (m)	ʃifon	שִיפוֹן (ז)
avoine (f)	ʃi'bolet ʃu'al	שִיבּוֹלֶת שוּעָל (נ)
millet (m)	'doxan	דוֹחַן (ז)
orge (f)	se'ora	שְעוֹרָה (נ)
maïs (m)	'tiras	תִירָס (ז)
riz (m)	'orez	אוֹרֶז (ז)
sarrasin (m)	ku'semet	כּוּסֶמֶת (נ)
pois (m)	afuna	אֲפוּנָה (נ)
haricot (m)	ʃu'it	שְעוּעִית (נ)
soja (m)	'soya	סוֹיָה (נ)
lentille (f)	adaʃim	עֲדָשִים (ני"ר)
fèves (f pl)	pol	פּוֹל (ז)

LES PAYS DU MONDE. LES NATIONALITÉS

147. L'Europe de l'Ouest

| Europe (f) | ei'ropa | אֵירוֹפָּה (נ) |
| Union (f) européenne | ha'ixud ha'eiro'pe'i | הָאִיחוּד הָאֵירוֹפִּי (ז) |

Autriche (f)	'ostriya	אוֹסְטְרְיָה (נ)
Grande-Bretagne (f)	bri'tanya hagdola	בְּרִיטַנְיָה הַגְדוֹלָה (נ)
Angleterre (f)	'angliya	אַנְגְלְיָה (נ)
Belgique (f)	'belgya	בֶּלְגְיָה (נ)
Allemagne (f)	ger'manya	גֶרְמַנְיָה (נ)

Pays-Bas (m)	'holand	הוֹלַנְד (נ)
Hollande (f)	'holand	הוֹלַנְד (נ)
Grèce (f)	yavan	יָוָון (נ)
Danemark (m)	'denemark	דֶנְמַרק (נ)
Irlande (f)	'irland	אִירְלַנְד (נ)
Islande (f)	'island	אִיסְלַנְד (נ)

Espagne (f)	sfarad	סְפָרַד (נ)
Italie (f)	i'talya	אִיטַלְיָה (נ)
Chypre (m)	kafrisin	קַפְרִיסִין (נ)
Malte (f)	'malta	מַלְטָה (נ)

Norvège (f)	nor'vegya	נוֹרְבֶגְיָה (נ)
Portugal (m)	portugal	פּוֹרְטוּגָל (נ)
Finlande (f)	'finland	פִינְלַנְד (נ)
France (f)	tsarfat	צָרְפַת (נ)

Suède (f)	'ʃvedya	שְבַדְיָה (נ)
Suisse (f)	'ʃvaits	שְווַיְץ (נ)
Écosse (f)	'skotland	סְקוֹטְלַנְד (נ)

Vatican (m)	vatikan	וָתִיקָן (ז)
Liechtenstein (m)	lixtenʃtain	לִיכְטֶנְשְטַיְין (נ)
Luxembourg (m)	luksemburg	לוּקְסֶמְבּוּרְג (נ)
Monaco (m)	mo'nako	מוֹנָקוֹ (נ)

148. L'Europe Centrale et l'Europe de l'Est

Albanie (f)	al'banya	אַלְבַּנְיָה (נ)
Bulgarie (f)	bul'garya	בּוּלְגַרְיָה (נ)
Hongrie (f)	hun'garya	הוּנְגַרְיָה (נ)
Lettonie (f)	'latviya	לַטְבְיָה (נ)

| Lituanie (f) | 'lita | לִיטָא (נ) |
| Pologne (f) | polin | פּוֹלִין (נ) |

Roumanie (f)	ro'manya	רוֹמַנְיָה (נ)
Serbie (f)	'serbya	סֶרְבְּיָה (נ)
Slovaquie (f)	slo'vakya	סלוֹבָקְיָה (נ)
Croatie (f)	kro''atya	קרוֹאָטיָה (נ)
République (f) Tchèque	'tʃexya	צֶ׳כְיָה (נ)
Estonie (f)	es'tonya	אֶסטוֹניָה (נ)
Bosnie (f)	'bosniya	בּוֹסנְיָה (נ)
Macédoine (f)	make'donya	מָקֶדוֹנְיָה (נ)
Slovénie (f)	slo'venya	סלוֹבֶניָה (נ)
Monténégro (m)	monte'negro	מוֹנטֶנֶגרוֹ (נ)

149. Les pays de l'ex-U.R.S.S.

Azerbaïdjan (m)	azerbaidʒan	אָזֶרבַּייגָ'ן (נ)
Arménie (f)	ar'menya	אַרמֶנְיָה (נ)
Biélorussie (f)	'belarus	בֶּלָרוּס (נ)
Géorgie (f)	'gruzya	גרוּזיָה (נ)
Kazakhstan (m)	kazaxstan	קָזחסטָן (נ)
Kirghizistan (m)	kirgizstan	קירגיזסטָן (נ)
Moldavie (f)	mol'davya	מוֹלדַביָה (נ)
Russie (f)	'rusya	רוֹסיָה (נ)
Ukraine (f)	uk'rayna	אוֹקרָאינָה (נ)
Tadjikistan (m)	tadʒikistan	טַג'יקיסטָן (נ)
Turkménistan (m)	turkmenistan	טוּרקמֶניסטָן (נ)
Ouzbékistan (m)	uzbekistan	אוֹזבֶּקיסטָן (נ)

150. L'Asie

Asie (f)	'asya	אָסיָה (נ)
Vietnam (m)	vyetnam	וייטנָאם (נ)
Inde (f)	'hodu	הוֹדוּ (נ)
Israël (m)	yisra'el	יִשׂרָאֵל (נ)
Chine (f)	sin	סין (נ)
Liban (m)	levanon	לְבָנוֹן (נ)
Mongolie (f)	mon'golya	מוֹנגוֹליָה (נ)
Malaisie (f)	ma'lezya	מָלֶזיָה (נ)
Pakistan (m)	pakistan	פָּקיסטָן (נ)
Arabie (f) Saoudite	arav hasa'udit	עֲרָב הַסָעוּדית (נ)
Thaïlande (f)	'tailand	תַאילַנד (נ)
Taïwan (m)	taivan	טייוָון (נ)
Turquie (f)	'turkiya	טוּרקיָה (נ)
Japon (m)	yapan	יַפָּן (נ)
Afghanistan (m)	afganistan	אַפגָניסטָן (נ)
Bangladesh (m)	bangladeʃ	בַּנגלָדֶש (נ)

Indonésie (f)	indo'nezya	אִינְדּוֹנֶזְיָה (נ)
Jordanie (f)	yarden	יַרְדֵּן (נ)
Iraq (m)	irak	עִירָאק (נ)
Iran (m)	iran	אִירָן (נ)
Cambodge (m)	kam'bodya	קַמְבּוֹדְיָה (נ)
Koweït (m)	kuveit	כּוּוֵית (נ)
Laos (m)	la'os	לָאוֹס (נ)
Myanmar (m)	miyanmar	מְיַאנְמָר (נ)
Népal (m)	nepal	נֶפָּאל (נ)
Fédération (f) des Émirats Arabes Unis	ixud ha'emi'royot ha'araviyot	אִיחוּד הָאֱמִירוּיוֹת הָעַרְבִיּוֹת (ז)
Syrie (f)	'surya	סוּרְיָה (נ)
Palestine (f)	falastin	פָּלַסְטִין (נ)
Corée (f) du Sud	ko'rei'a hadromit	קוֹרֵיאָה הַדְּרוֹמִית (נ)
Corée (f) du Nord	ko'rei'a hatsfonit	קוֹרֵיאָה הַצְּפוֹנִית (נ)

151. L'Amérique du Nord

Les États Unis	artsot habrit	אַרְצוֹת הַבְּרִית (נ״ר)
Canada (m)	'kanada	קָנָדָה (נ)
Mexique (m)	'meksiko	מֶקְסִיקוֹ (נ)

152. L'Amérique Centrale et l'Amérique du Sud

Argentine (f)	argen'tina	אַרְגֶּנְטִינָה (נ)
Brésil (m)	brazil	בְּרָזִיל (נ)
Colombie (f)	ko'lombya	קוֹלוֹמְבִּיָה (נ)
Cuba (f)	'kuba	קוּבָּה (נ)
Chili (m)	'tʃile	צִ'ילָה (נ)
Bolivie (f)	bo'livya	בּוֹלִיבְיָה (נ)
Venezuela (f)	venetsu"ela	וֶנֶצוּאֶלָה (נ)
Paraguay (m)	paragvai	פָּרָגְוַואי (נ)
Pérou (m)	peru	פֶּרוּ (נ)
Surinam (m)	surinam	סוּרִינָאם (נ)
Uruguay (m)	urugvai	אוּרוּגְוַואי (נ)
Équateur (m)	ekvador	אֶקְוָודוֹר (נ)
Bahamas (f pl)	iyey ba'hama	אִיֵי בָּהָאמָה (נ״ר)
Haïti (m)	ha"iti	הָאִיטִי (נ)
République (f) Dominicaine	hare'publika hadomeni'kanit	הָרֶפּוּבְּלִיקָה הַדּוֹמִינִיקָנִית (נ)
Panamá (m)	pa'nama	פָּנָמָה (נ)
Jamaïque (f)	dʒa'maika	גַ'מַייקָה (נ)

153. L'Afrique

Égypte (f)	mits'rayim	מִצְרַיִם (נ)
Maroc (m)	ma'roko	מָרוֹקוֹ (נ)
Tunisie (f)	tu'nisya	טוּנִיסְיָה (נ)
Ghana (m)	'gana	גָאנָה (נ)
Zanzibar (m)	zanzibar	זַנזִיבָּר (נ)
Kenya (m)	'kenya	קֶנְיָה (נ)
Libye (f)	luv	לוּב (נ)
Madagascar (f)	madagaskar	מָדָגָסְקָר (ז)
Namibie (f)	na'mibya	נָמִיבְּיָה (נ)
Sénégal (m)	senegal	סֶנֶגָל (נ)
Tanzanie (f)	tan'zanya	טַנְזַנְיָה (נ)
République (f) Sud-africaine	drom 'afrika	דרוֹם אַפְרִיקָה (נ)

154. L'Australie et Océanie

Australie (f)	ost'ralya	אוֹסטְרַלְיָה (נ)
Nouvelle Zélande (f)	nyu 'ziland	נִיוּ זִילַנד (נ)
Tasmanie (f)	tas'manya	טַסְמַנְיָה (נ)
Polynésie (f) Française	poli'nezya hatsarfatit	פּוֹלִינֶזְיָה הַצָרְפָתִית (נ)

155. Les grandes villes

Amsterdam (f)	'amsterdam	אַמְסְטֶרְדָם (נ)
Ankara (m)	ankara	אַנְקָרָה (נ)
Athènes (m)	a'tuna	אָתוּנָה (נ)
Bagdad (m)	bagdad	בַּגְדָד (נ)
Bangkok (m)	bangkok	בַּנגקוֹק (נ)
Barcelone (f)	bartse'lona	בַּרְצֶלוֹנָה (נ)
Berlin (m)	berlin	בֶּרלִין (נ)
Beyrouth (m)	beirut	בֵּירוּת (נ)
Bombay (m)	bombei	בּוֹמבַּי (נ)
Bonn (f)	bon	בּוֹן (נ)
Bordeaux (f)	bordo	בּוֹרדוֹ (נ)
Bratislava (m)	bratis'lava	בְּרָטִיסלָאבָה (נ)
Bruxelles (m)	brisel	בּרִיסֶל (נ)
Bucarest (m)	'bukareʃt	בּוּקָרֶשט (נ)
Budapest (m)	'budapeʃt	בּוּדָפֶשט (נ)
Caire (m)	kahir	קָהִיר (נ)
Calcutta (f)	kol'kata	קוֹלקָטָה (נ)
Chicago (f)	ʃi'kago	שִיקָאגוֹ (נ)
Copenhague (f)	kopen'hagen	קוֹפֶּנהָגֶן (נ)
Dar es-Salaam (f)	dar e salam	דָאר אָ־סָלָאם (נ)
Delhi (f)	'delhi	דֶלהִי (נ)

Dubaï (f)	dubai	דוּבַּאי (נ)
Dublin (f)	'dablin	דַבְּלִין (נ)
Düsseldorf (f)	'diseldorf	דִיסֶלדוֹרף (נ)
Florence (f)	fi'rentse	פִירֶנצֶה (נ)
Francfort (f)	'frankfurt	פְרַנקפוּרט (נ)
Genève (f)	dʒe'neva	גְ'נֶבָה (נ)
Hague (f)	hag	הָאג (נ)
Hambourg (f)	'hamburg	הַמבּוּרג (נ)
Hanoi (f)	hanoi	הָאנוֹי (נ)
Havane (f)	ha'vana	הָוַואנָה (נ)
Helsinki (f)	'helsinki	הֶלסִינקִי (נ)
Hiroshima (f)	hiro'ʃima	הִירוֹשִימָה (נ)
Hong Kong (m)	hong kong	הוֹנג קוֹנג (נ)
Istanbul (f)	istanbul	אִיסטַנבּוּל (נ)
Jérusalem (f)	yeruʃa'layim	יְרוּשָלַיִם (נ)
Kiev (f)	'kiyev	קִייֶב (נ)
Kuala Lumpur (f)	ku''ala lumpur	קוּאָלָה לוּמפּוּר (נ)
Lisbonne (f)	lisbon	לִיסבּוֹן (נ)
Londres (m)	'london	לוֹנדוֹן (נ)
Los Angeles (f)	los 'andʒeles	לוֹס אַנגֶ'לֶס (נ)
Lyon (f)	li'on	לִיאוֹן (נ)
Madrid (f)	madrid	מַדרִיד (נ)
Marseille (f)	marsei	מַרסֵי (נ)
Mexico (f)	'meksiko 'siti	מֶקסִיקוֹ סִיטִי (נ)
Miami (f)	ma'yami	מָיָאמִי (נ)
Montréal (f)	montri'ol	מוֹנטרִיאוֹל (נ)
Moscou (f)	'moskva	מוֹסקבָה (נ)
Munich (f)	'minχen	מִינכֶן (נ)
Nairobi (f)	nai'robi	נַיירוֹבִּי (נ)
Naples (f)	'napoli	נָפּוֹלִי (נ)
New York (f)	nyu york	נִיוּ יוֹרק (נ)
Nice (f)	nis	נִיס (נ)
Oslo (m)	'oslo	אוֹסלוֹ (נ)
Ottawa (m)	'otava	אוֹטָוָוה (נ)
Paris (m)	pariz	פָּרִיז (נ)
Pékin (m)	beidʒing	בֵּייגִ'ינג (נ)
Prague (m)	prag	פּרָאג (נ)
Rio de Janeiro (m)	'riyo de ʒa'nero	רִיוֹ דָה זָ'נֶרוֹ (נ)
Rome (f)	'roma	רוֹמָא (נ)
Saint-Pétersbourg (m)	sant 'petersburg	סַנט פֶּטֶרסבּוּרג (נ)
Séoul (m)	se'ul	סָאוּל (נ)
Shanghai (m)	ʃanχai	שנחַאי (נ)
Sidney (m)	'sidni	סִידנִי (נ)
Singapour (f)	singapur	סִינגָפּוּר (נ)
Stockholm (m)	'stokholm	סטוֹקהוֹלם (נ)
Taipei (m)	taipe	טַייפָּה (נ)
Tokyo (m)	'tokyo	טוֹקיוֹ (נ)
Toronto (m)	to'ronto	טוֹרוֹנטוֹ (נ)

Varsovie (f)	'varʃa	וַרְשָׁה (נ)
Venise (f)	ve'netsya	וֶנֶצְיָה (נ)
Vienne (f)	'vina	וִינָה (נ)
Washington (f)	'voʃington	וֹשִׁינגטוֹן (נ)

www.ingramcontent.com/pod-product-compliance
Lightning Source LLC
Chambersburg PA
CBHW070554050426
42450CB00011B/2856